Niklas Hoppe/Friedrich Conzen

Europäische Distributionsnetzwerke

Niklas Hoppe/Friedrich Conzen

Europäische Distributionsnetzwerke

Voraussetzungen, Projektablauf, Fallbeispiele

GABLER

Bibliografische Information Der Deutschen Bibliothek
Die Deutsche Bibliothek verzeichnet diese Publikation in der Deutschen Nationalbibliografie;
detaillierte bibliografische Daten sind im Internet über <http://dnb.ddb.de> abrufbar.

ISBN 978-3-663-07695-7   ISBN 978-3-663-07694-0 (eBook)
DOI 10.1007/978-3-663-07694-0

1. Auflage Dezember 2002

Alle Rechte vorbehalten
© Springer Fachmedien Wiesbaden 2002
Ursprünglich erschienen bei Betriebswirtschaftlicher Verlag Dr. Th. Gabler GmbH, Wiesbaden 2002.
Softcover reprint of the hardcover 1st edition 2002

Lektorat: Ulrike M. Vetter

www.gabler.de

Umschlaggestaltung: Nina Faber de.sign, Wiesbaden
Satz: Buch-Werkstatt GmbH, Bad Aibling

Gedruckt auf säurefreiem und chlorfrei gebleichtem Papier

Vorwort

„Wer eine friedliche Revolution unmöglich
macht, macht eine gewaltsame
unvermeidlich."

John F. Kennedy

Das Buch beschäftigt sich mit der Neugestaltung europäischer Distributionsnetzwerke. Es wendet sich dabei in der ersten Linie an Entscheidungsträger, die vor der Frage stehen, ob und vor allem wie sie die Distributionslogistik in Europa neu gestalten können. Schon bei der Netzwerkgestaltung werden bewusst pragmatische und in der Praxis bewährte Ansätze beschrieben und nicht die Ansätze der Operations Research (OR) zur Netzwerkoptimierung vorgestellt. Zugleich kann das Buch auch von Studenten genutzt werden, die für ihre Studien zur Logistik und Operations Research stärker praxisorientierte Einblicke erhalten.

Immer mehr Manager sehen sich vor der Herausforderung, das europäische Distributionsnetzwerk ihres Unternehmens neu zu gestalten. Typische Gründe für die Neugestaltung der europäischen Distributionslogistik sind dabei:

* das Zusammenwachsen von Europa
* die Öffnung des osteuropäischen Marktes
* Akquisitionen und/oder der Verkauf von Unternehmensanteilen
* neue, europäisch ausgerichtete Produktionsnetzwerke
* neue Kundenanforderungen oder
* höherer Margendruck
* die zunehmende Bedeutung des Internets (E-Commerce)

Distributionsnetzwerke hatten in der Vergangenheit eindeutig nationalen Charakter. Das heißt, Firmen hatten in jedem Land ihr eigenes, vollsortiertes Lager, das aus Produktionslagern gespeist wurde. In der Regel wurde ein Land wie die Bundesrepublik Deutschland sogar aus mehreren Lagern bedient. Selbst die kleinflächigen Staaten wie den Niederlanden geschah dies aus eigenen nationalen Lagern. Der Trend geht aber klar zu flexiblen, europäischen Netzwerken.

Diese Überlegungen mögen Ihnen helfen, nicht nur Ihre Distributionslogistik neu zu gestalten, sondern diese auch schnell zu implementieren und dadurch:

- Kosten nachhaltig zu senken,
- den Kundenservice deutlich zu steigern und
- flexibel für geänderte Anforderungen und Rahmenbedingungen zu werden.

Zahlreichen Beteiligten sind wir zum Dank für ihre Unterstützung verpflichtet. Ohne Sie wäre diese Veröffentlichung nicht zu Stande gekommen. Stellvertretend seien hier genannt:

Dr. Stephan Mayer, Vice President, und Dr. Kay Pirk, Principal, beide Mitglieder der Operations Core Group von A.T. Kearney, die bei der Entstehung dieses Buches immer wieder mit inhaltlichem Rat und kritischen Anregungen zur Seite gestanden haben, Rita Mudrow und Axel Lönnendonker, die das Manuskript Korrektur gelesen haben, und Dagmar Steffens, die bei der Erstellung bzw. Überarbeitung der Graphiken im DTP unschätzbare Arbeit geleistet hat.

Düsseldorf/Zürich, im Herbst 2002   Niklas Hoppe
                                                          Friedrich Conzen

Inhaltsverzeichnis

Einleitung

„Die beste Art die Zukunft
vorherzusagen, ist sie zu erfinden."

Alan Kay

Im Zeitalter des Customer Relationship Management haben sich die Ansprüche und Erwartungen der Kunden wesentlich gesteigert. Eine perfekte Belieferung des Kunden in puncto Zeit und Zuverlässigkeit sind selbstverständlich geworden, hinzu kommen noch gestiegene Anforderungen an die Flexibilität. Deshalb müssen sich Unternehmen im produzierenden Gewerbe zukünftig ganz besonders mit den Aspekten der Logistik und Distribution ihrer Güter beschäftigen.

Handlungsbedarf für eine Optimierung der Distributionsnetzwerke besteht auch durch die große Zahl von Akquisitionen, die in den letzten Jahren – vor dem Hintergrund des expandierenden europäischen Marktes – stattgefunden haben. Die Folge ist, dass Unternehmen noch immer über eine eher zufällige denn planmäßige Lagerstruktur verfügen – und diese den Erfordernissen einer modernen und komplexen Distributionslogistik nicht gerecht wird. Denn die meist sehr zahlreichen Lagerstätten bieten keineswegs optimalen Service für Kunden, sondern vielmehr einen zu großen Lagerbestand und hohe Kosten bei gleichzeitig niedrigem Service.

Veränderungen und Erneuerungen der Distributionslogistik sind also dringend erforderlich. Um die Thematik transparent zu machen, beschäftigt sich das erste Kapitel des Buches mit den Voraussetzungen für die Distributionsnetzwerke. Dabei werden zunächst die Einflüsse der Distributionslogistik auf den Erfolg eines Unternehmens beschrieben und die Elemente und Treiber für europäische Distributionsnetzwerke beleuchtet. Nicht nur typische Netzwerke werden in ihren geografischen und funktionalen Ausprägungen dargestellt, sondern auch Distributionsnetzwerke in der digitalen Supply Chain gezeigt. Einleitung in das Kapitel bildet eine Check-Liste, mit welcher der Leser überprüfen kann, ob Handlungsbedarf besteht.

Daran schließt sich das zentrale Kapitel über die Neugestaltung von Netzwerken an. In einer sehr detaillierten Darstellung wird exemplarisch ein vollständiger Projektablauf ausgerollt. Den Anfang macht dabei ein Kurzaudit, gefolgt von der gesamten Projektdurchführung für ein europäisches Distributionsnetzwerk. Die entscheidenden Aspekte für eine solche Netzwerkneugestaltung sind: Zielsetzungen, Projektorganisation und -planung, Controlling, Analyse-Phase, Entwicklung der Netzwerkalternativen und schließlich die Planung der Umsetzung.

Im nachfolgenden Kapitel werden die Möglichkeiten, aber auch die Grenzen, vom Simulationstool für Supply Chain-Optimierungen besprochen. Ein weiteres Kapitel beschäftigt sich mit der Fremdvergabe von Distributionsnetzwerken. In fast allen Fällen erfolgt eine Fremdvergabe bestimmter Dienstleistungen an die Konzeptentwicklung, deshalb wird diese Thematik entsprechend behandelt.

Exemplarisch wird abschließend anhand von Fallbeispielen dargestellt, wie Distributionsnetzwerke realisiert werden können und welche Besonderheiten beim Entwurf von solchen Netzwerken zu beachten sind.

Der Schwerpunkt der Ausführungen liegt auf den Märkten in Zentral- und Südeuropa, allerdings lassen sich die hier getroffenen Feststellungen nach der völligen Öffnung auch auf den osteuropäischen Markt übertragen.

Langjährige Erfahrungen zeigen, dass nicht *die* optimale Gestalt eines Distributionsnetzwerkes existiert, die für alle Unternehmen zutrifft. Es gibt zwar einen eindeutigen Trend zu europäischer Konsolidierung von Distributionsnetzwerken. Die tatsächliche Ausprägung ist aber unternehmensspezifisch sehr verschieden. Europäische Distributionsnetzwerke können jedoch optimiert werden. Das Vorgehen bei einer Optimierung, das sehr stark vom Verständnis des Geschäftsmodells eines Unternehmens geprägt ist, und typische Beispiele sind daher der Kern dieser Arbeit.

1. Grundsätze und Kriterien der Distributionslogistik

*„Eine Definition ist das Einfassen der Wildnis
einer Idee mit einem Wall von Worten."*

Samuel Butler

1.1 Checkliste

Nachfolgend eine kurze Checkliste, die einen Hinweis gibt, ob über die Neugestaltung der Distributionslogistik nachgedacht werden sollte.

Checkliste   Bedarf einer Neugestaltung der europäischen
Distributionslogistik

- Produzierendes oder mit Waren
  handelndes Unternehmen? ☐

- Unternehmensakquisition durchlaufen
  ohne anschließende Lagerbereinigung? ☐

- Mehr als ein bestandsführendes Lager pro
  Land und Produktgruppe? ☐

- Niedriger Lieferservice im
  Branchenvergleich? ☐

- Lager in der Verantwortung von
  nationalen Vertriebsorganisationen? ☐

- Eigenbetriebene Lager? ☐

- Unkoordinierter, dezentraler Einkauf von
  Logistikdienstleistungen (z. B.
  Lagerleistungen, Transporte)? ☐
- Hohe Lagerbestände? ☐

Wann kann ein Unternehmen mit seinem Distributionsnetzwerk zufrieden sein? Als Faustregel gilt: Wenn drei oder mehr Punkte für ein Unternehmen zutreffen, dann sollte intensiv über die Neugestaltung der europäischen Distributionslogistik nachgedacht werden.

Die erste Frage, ob es sich um ein *produzierendes oder ein mit Waren handelndes Unternehmen* handelt, klärt im Grunde die Grundvoraussetzung, ob überhaupt ein Distributionsnetzwerk benötigt wird. Selbstverständlich wird auch von beispielsweise Investmentbanken häufig die Frage nach Synergiepotentialen von Distributionsnetzwerken gestellt. Dieser aber dann in der Regel im Zusammenhang mit dem Erwerb eines produzierenden oder eben mit Waren handelnden Unternehmens.

Mit einer der häufigsten Gründe, warum Unternehmen über die Neugestaltung des Distributionsnetzwerkes nachdenken, sind Akquisitionen. Wenn eine *Unternehmensakquisition durchlaufen* wurde, *ohne dass eine anschließende Lagerbereinigung* stattgefunden hat, ist eine Neugestaltung des Distributionsnetzwerkes angezeigt. Diese Situation ist insbesondere dann bei Unternehmen nach Akquisitionen zu finden, wenn die Verantwortung für logistische Aktivitäten in den Ländern angesiedelt ist oder die Unternehmen sich ergänzende, jedoch unterschiedliche Produktgruppen mit nicht überlappenden Kundengruppen haben, was bei Unternehmenszusammenschlüssen eine angestrebte Zielsetzung ist, sodass die Synergiepotentiale im Distributionsbereich nicht sofort gesehen werden.

Mehr als ein bestandsführendes Lager pro Land und Produktgruppe ist ein weiteres Indiz. Es gibt nicht viele Branchen, in denen eine Lieferzeit von weniger als 24 Stunden vom Kunden gewünscht wird. Bei längeren Lieferzeiten ist aber in den meisten Fällen eine Lieferung aus einem bestandsführenden Lager pro Land oder sogar pro Region möglich. Zur Realisierung von Synergien bei den Transporten, in den Fällen, in denen aus wirtschaftlichen Gründen keine Direkttransporte möglich sind, reichen bestandslose Plattformen.

Niedriger Lieferservice im Branchenvergleich hängt in vielen Fällen mit hohen Beständen zusammen. Hohe Bestände sind ein klares Indiz für einen schlechten Lieferservice und nicht für guten, da hohe Bestände in der Praxis nie das Ergebnis hoher Sicherheitsbestände sind. Hohe Bestände sind vielmehr das Resultat von Struktur- oder Prozessproblemen. Ein typisches strukturelles Problem bildet aber eine zu hohe Anzahl an Lagern. Sie führt dazu, dass benötigte Produkte an zu vielen Standorten bevorratet werden müssen oder aber gerade an der Stelle, an der sie benötigt werden, fehlen, was dann wiederum zu zusätzlichen und teuren Eillieferungen/ Lagerquerlieferungen führt.

Lager in der Verantwortung von nationalen Vertriebsorganisationen als weiterer Punkt verhindert oder erschwert grenzübergreifende Netzwerkoptimierungen. Nationalorientierte Distributionsnetzwerke sind aber heute nur noch bei ganz bestimmten Konstellationen sinnvoll und in Regionen wie Benelux überhaupt nicht mehr angebraucht.

Eigenbetriebene Lager sollten bei reinen Distributionslagern, die keine Produktionslagerfunktion übernehmen, die absolute Ausnahme darstellen. Insbesondere die Flexibilität gebietet eine möglichst weitgehende Fremdvergabe. Die europäische Logistikstudie der European Logistics Association und A.T. Kearney zeigt bereits seit Jahren einen direkten Zusammenhang auf zwischen logistischer Führerschaft und der konsequenten Fremdvergabe von Logistikfunktionen, die weit über die Lagerfunktionen hinausgehen. Eigenbetriebene Lager sind daher ein erfahrungsgemäß wichtiger Indikator für Handlungsbedarf im Bereich der Logistik und des Netzwerkes eines Unternehmens.

Der *unkoordinierte, dezentrale Einkauf von Logistikdienstleistungen (z. B. Lagerleistungen, Transporte)* führt fast zwingend zu nicht optimalen Strukturen. Zentral im Umkehrschluss dazu heißt nicht, dass nicht logistische Leistungen in der Region eingekauft werden können. Es geht vielmehr darum, dass es eine koordinierende Einheit gibt, die bei dem Einkauf logistischer Leistungen immer beteiligt ist. Hier können z. B. Lead-Buyer-Ansätze zum Einsatz kommen, bei denen ein operativ für die Logistik in einer Region Verantwortlicher alle Einkaufsaktivitäten im Bereich Transporte begleitet. Nur die wenigsten Logistikdienstleister sind heute tatsächlich europäisch aufgestellt, sodass bei der Beschaffung von logistischen Leistungen Kenntnisse über die regionalen Besonderheiten sehr wichtig sind.

Die *Höhe der Lagerbestände im Branchenvergleich* ist deshalb ein Indikator, da es einen direkten Zusammenhang zwischen Lageranzahl und Bestandshöhe gibt. Die Bestände steigen theoretisch proportional zur Wurzel der Lageranzahl. Die Erfahrung großer europäischer Netzwerkoptimierungsprojekte zeigt aber, dass die Bestandseffekte einer Konsolidierung eines europäischen Distributionsnetzwerkes über diesen theoretischen Wert, der vor allem auf die Sicherheitsbestände abzielt, hinausgeht, insbesondere dann, wenn es sich um ein Unternehmen mit europäischen und nicht nationalen Produkten handelt.

Die Fragen der Checkliste können selbstverständlich nicht vollständig separat voneinander betrachtet werden. Wie beschrieben, existiert ein enger Zusammenhang zwischen Lageranzahl, Bestandshöhe und Lieferservice. Die in der Checkliste zusammengefassten Fragen sind aber die Punkte, die aus unserer Erfahrung ein sehr sicherer Indikator für den Handlungsbedarf im Bereich des Distributionsnetzwerkes sind.

Die Neugestaltung der europäischen Distributionslogistik ist in solchen Fällen nicht nur aus Kostengesichtspunkten notwendig, sondern vor allem auch aus Serviceaspekten. Ferner sind klassische Distributionsnetzwerke nicht mehr flexibel genug, auf die sich immer schneller ändernden Rahmenbedingungen zu reagieren.

1.2 Einflüsse der Distributionslogistik auf den Unternehmenserfolg

In vielen Unternehmen besteht Unklarheit über den Einfluss und den Stellenwert der Distributionslogistik. Welche enorme Bedeutung die Distributionslogistik jedoch hat, lässt sich anhand von regelmäßig durchgeführten Logistikstudien belegen, wie sie von der *European Logistics Association (ELA)* zusammen mit A.T. Kearney durchgeführt werden. Denn je nach Branche wenden Unternehmen im Schnitt zwischen fünf Prozent und zehn Prozent ihres Umsatzes für diese Logistik auf, und dieser wird häufig unterschätzt.

Mit der Netzwerkgestaltung einhergehend ist die Frage der Bestandszuordnung, sie hat erheblichen Einfluss auf die Lieferfähigkeit. So hilft es einem Kunden, der in Schweden auf ein bestimmtes Ersatzteil wartet, wenig, wenn dieses Teil im französischen Regionallager vorrätig ist. Ohne ein funktionierendes europäisches Distributionsnetzwerk kann das Teil nur noch mit erheblichem Mehraufwand in einer angemessenen Zeit nach Schweden geliefert werden.

Die Distributionslogistik wird immer häufiger gezielt genutzt, um die Wettbewerbsposition auszubauen. Wenn man die Entwicklung im Buchgroßhandel, die so genannten Barsortimenter betrachtet, so erkennt man, dass diese Unternehmen logistische Hebel genutzt haben, um ihre Position zwischen Verlagen und Buchhandel auszubauen.

Ausgangspunkt der Barsortimente war die Bereitstellung von grundlegenden Logistikangeboten, mit denen sie den deutschen Buchhandel schon seit Jahrzehnten beliefern. Dazu gehört die Erstellung eines Katalogs mit Büchern aus verschiedenen Verlagen, die Lagerung eines umfangreichen Buchbestandes und die gebündelte Belieferung an die Buchhandlungen in Deutschland.

Neben dem Buchhandel waren bei diesem ersten Schritt einer logistischen Neugestaltung auch die Verlage eine zentrale Zielgruppe, da die Barsortimenter durch Synergien Kostenvorteile realisieren können. Außerdem wurde weiter die Abhängigkeit des Buchhandels durch die Einführung der 24 Stunden-Belieferung und der EDV-technischen Anbindung der Buchhändler an die Systeme der Barsortimenter deutlich gesteigert.

Das strategisch Wichtige in diesem Zusammenhang ist die elektronische Anbindung des Buchhandels an den Barsortimenter, also seinen Großhändler, und nicht an den Verlag. Zur Zeit unternehmen die Barsortimenter den nächsten logistischen Schritt und sprechen direkt den Leser und damit den Endverbraucher an.

Die Bedeutung der Distributionslogistik für den Unternehmenserfolg lässt sich im Wesentlichen durch vier Faktoren erklären. Die Distributionslogistik hat erheblichen Einfluss auf den *Service*, die *Kosten- und Ergebnissituation* eines Unternehmens sowie auf den *Cash Flow*. Ferner spielt die *Flexibilität* eine immer größere Rolle. Am deutlichsten wird dieses bei den zahlreichen Akquisitionen und Unternehmensverkäufen, die in fast allen Fällen direkte Auswirkungen auf die Gestaltung der Distributionslogistik haben.

1.2.1 Service

Um die Güte ihrer Distributionslogistik hervorzuheben, geben viele Unternehmen einen Lieferservice von 98 Prozent als Durchschnitt an. Ferner wird regelmäßig die Liefergeschwindigkeit als ein zentrales Kriterium für die Qualität der eigenen Logistik betont: „Wir liefern unsere Ware in 24 Stunden". Diese hohe Liefergeschwindigkeit wird insbesondere von Seiten des Vertriebes immer in den Vordergrund gerückt und als zentrales Verkaufsargument ins Feld geführt.

Um diese Argumente sachgerecht werten zu können, muss der 98-prozentige Lieferservice allerdings genauer definiert werden. So könnte 98-prozentiger Lieferservice beispielsweise bedeuten, dass Waren im Wert von 980 Euro bei einem bestellten Liefervolumen von 1.000 Euro pünktlich beim Kunden ankommen, wie wir es beispielsweise in der Konsumgüterindustrie erlebt haben. Die andere Möglichkeit wäre bei 98 Prozent eine „Perfect Order"-Definition, die am umfassendsten die ordnungsgemäße Abwicklung eines Auftrages beschreibt. Laut der Definition des Grocery Manufacturers of America Logistics Committees ergibt sich eine „Perfect Order" dabei als multiplikativer Wert aus einer Lieferung, die vollständig, pünktlich, schadensfrei und mit einer fehlerfreien Rechnung ausgestattet ist. Selbst führende Unternehmen erreichen bei dieser sehr strengen Beurteilung nach „Perfect Order"-Maßstäben kaum mehr als 92 Prozent des Lieferservices. Zum anderen zeigen Kundengespräche noch immer, dass die Lieferzuverlässigkeit bei vielen Unternehmen ein zentrales, schwer zu bewältigendes Problem ist. Ein großer Teil der Kundenbeschwerden beruht auf diesen Problemen.

Derartige Beschwerden hängen auch damit zusammen, dass von Seiten der Kunden Kriterien für guten Lieferservice anders gewichtet werden als von den liefernden Unternehmen. Viele Kunden räumen Pünktlichkeit und Zuverlässigkeit einen deutlichen Vorrang gegenüber der Liefergeschwindigkeit ein: Besser ein Lieferversprechen, das auf einer Lieferzeit von 48 Stunden basiert, mit einer hohen Lieferzuverlässigkeit als ein Lieferversprechen in der halben Lieferzeit, bei dem der Kunde aber um jede einzelne Lieferung mehr oder weniger bangen muss.

Ferner zeigt sich in Studien, dass beim Lieferservice als Differenzierungskriterium für Kundenzufriedenheit ein Sättigungsgrad erreicht zu sein scheint. Der Sprung von 95 Prozent auf 99 Prozent wird von Kunden zwar noch als erhebliche Steigerung des Kundenservices wahrgenommen. Der Sprung von 99 Prozent auf 99,5 Prozent liegt dagegen häufig schon außerhalb der Wahrnehmung im täglichen Geschäft und ist zudem insbesondere in einer komplexen europäischen Distribution mit erheblichen Mehrkosten in der Realisierung verbunden.

Natürlich stellt sich in diesem Zusammenhang die Frage, wie sinnvoll die Null-Fehler-Forderung als höchstes Ziel des Kundenservices ist. Die Kosten-Nutzen-Kurve im Bereich von fast 100 Prozent scheint in vielen Fällen so ungünstig zu sein, dass Unternehmen, die nahe der 100-prozentiger Erfüllung dieser Forderung (Service-Grenze) liegen, sich neue Wege zur Differenzierung im Bereich der Distributionslogistik erschließen.

In diesem Zusammenhang bildet beispielsweise die Übernahme der Dispositionsfunktion für den Kunden, z. B. im Rahmen von CRP-Ansätzen, einen Ansatz. Der Lieferant hat dann nicht nur die Aufgabe, Ware zu einem bestimmten Zeitpunkt an ein Lager zu liefern, sondern er muss zugleich die Lieferfähigkeit eines Lagers für einen bestimmten Produktumfang sicherstellen. Für diesen Umfang wird dann „nur noch" die Warenverfügbarkeit bei Entnahme aus dem Lager als Servicekriterium gemessen. Dabei wird der Lieferservice, bei dem nach einer klassischen Definition die bestellte Menge und die gelieferte Menge verglichen werden, überhaupt nicht mehr ermittelt.

Ein weiterer Ansatz ist, die Flexibilität in den Vordergrund zu stellen und Qualität, Zeit und Kosten als weitgehend optimiert anzusehen.

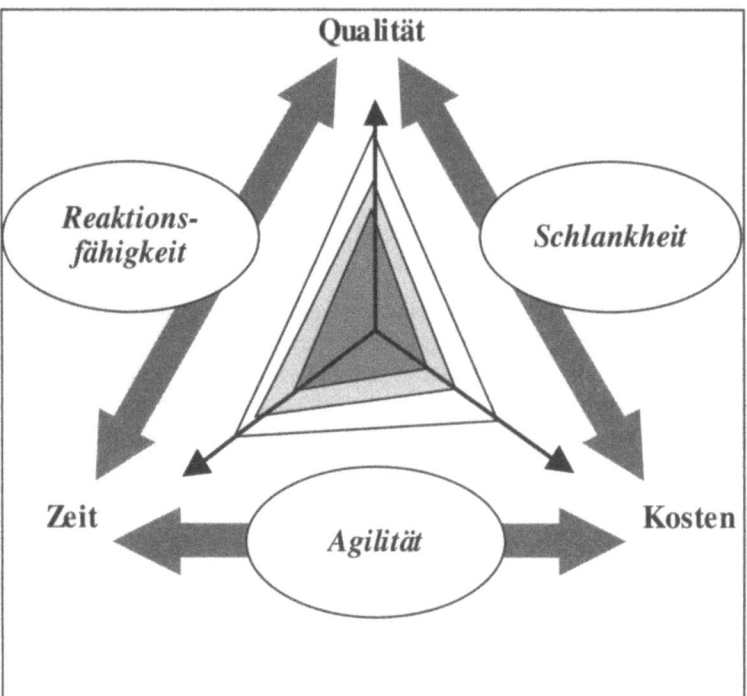

Abbildung 1: Neue Zielkoordinaten (Quelle: ELA-Studie)

Festzustellen bleibt aber: Die Gestaltung eines europäischen Distributionsnetzwerkes wirkt sich direkt auf den Service eines Unternehmens aus.

1.2.2   Kosten und Ergebnis

Verbreitet ist immer noch folgendes Modell in Unternehmen: Ein neues Produkt wird mit großem Aufwand entwickelt und zur Serienreife gebracht. Anschließend ist ein erheblicher Marketing- und Vertriebsaufwand notwendig, um die Kunden für dieses Produkt zu begeistern. Zusätzlich werden dann noch bis zu zehn Prozent des Umsatzes für die Distribution aufgewandt – zehn Prozent Distributionsanteil ist ein typischer Wert in vielen Branchen. Damit ist gemeint, dass durch eine zehn-prozentige Reduzierung der Distributionskosten eine Erhöhung des Umsatzprofits von ein Prozent-Punkt ermöglicht wird. Geht man von fünf Prozent Umsatzrendite aus, so ist eine Kosteneinsparung von zehn Prozent in der Distributionslogistik nichts anderes als eine 20-prozentige Gewinnsteigerung.

Das Fazit dieser einfachen Formel ist, dass die Gestaltung eines europäischen Distributionsnetzwerkes somit erheblichen Einfluss auf die Kosten und auch auf das Ergebnis eines Unternehmens hat.

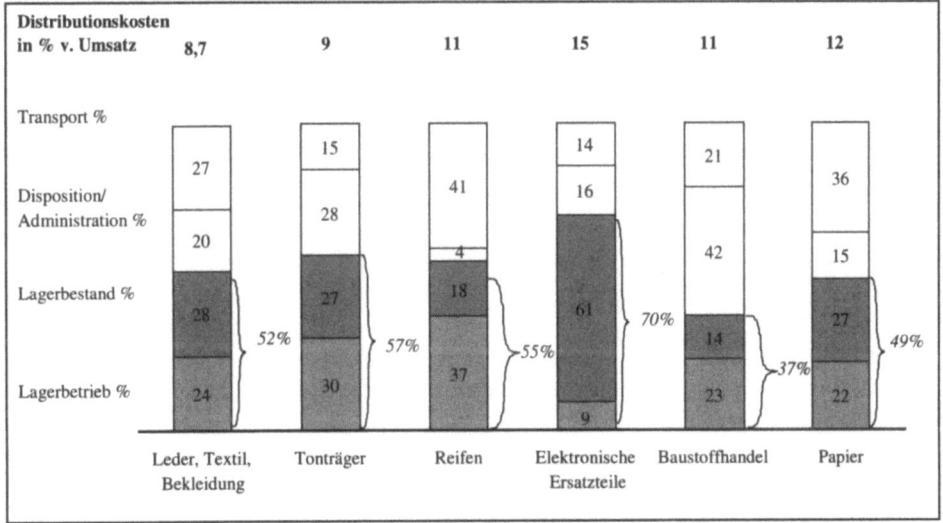

Abbildung 2: Distributionskosten nach Branchen (Beispiele)

1.2.3   Cash Flow

In den wenigsten Unternehmen sind weite Teile der Distributionslogistik als Kernkompetenz anzusehen. Daher müssen Investitionen in Transportflotten und Lager sehr kritisch bewertet werden, denn kaum ein Unternehmen führt heute noch Transporte mit eigenem Fuhrpark durch. Anders sieht es dagegen im Bereich der Distribution über unterschiedliche Lager aus. Teilweise werden Distributionslager heute noch von den Unternehmen gekauft bzw. erbaut und anschließend eigenbetrieben. Diese Art der Lagergestaltung ist wirtschaftlich unbefriedigend, weil sich die Anforderungen an diese Lager sehr schnell ändern. Bereits bei zehn Jahre alten Hochregallagern zeigt sich, dass sie Probleme bei der Dynamik aufweisen. Für die Abschreibung dieser Lager werden aber in der Regel noch weitere zehn Jahre benötigt.

Unter der Dynamik eines Lagers versteht man die Fähigkeit, Ware ein- und auszulagern, zu kommissionieren, zu verpacken und bereitzustellen, also den Lagerdurchsatz. Die Lagerdynamik wird insbesondere durch die Kapazität von Transporteinrichtungen und Kommissioniereinrichtungen begrenzt. Die statische Seite eines Lagers beschreibt dagegen das Fassungsvermögen eines Lagers. Sie wird vor allem durch Anzahl und Art der Stellplätze bestimmt.

Ferner hat die Gestaltung des Distributionsnetzwerkes einen direkten Einfluss auf die Bestandshöhen. Je dezentraler die Lagerstruktur aufgebaut ist, umso höher fallen die Bestände aus. Der Anteil der Bestandskosten liegt je nach Branche zwischen 15 und 60 Prozent.

1.2.4   Flexibilität

Flexibilität ist die wichtigste Antwort auf die Vielzahl von Veränderungen, denen sich Unternehmen unter immer größer werdendem Druck ausgesetzt sehen. Typische Merkmale für diese Veränderungen sind:

* das Zusammenwachsen in Europa
* zyklischer Verlauf der Geschäfte
* die Öffnung des Marktes nach Osteuropa
* Akquisitionen von Unternehmen im Zuge der anhaltenden Konsolidierungswelle
* stark wachsende Produktportfolios
* Eintritt in neue Märkte
* neue, durch B2C entstehende Distributionswege

Es gibt kaum ein Unternehmen, das sich derzeit nicht diesen Herausforderungen und veränderten Gegebenheiten stellen muss oder dessen Kunden nicht entsprechende Veränderungsprozesse durchlaufen. Besonders bei Unternehmen der „New Economy" konnte in der Vergangenheit eine fast explosionsartige Entwicklung der Produktvielfalt beobachtet werden.

Betrachtet man die Einflüsse der Distributionslogistik – Service, Kostengestaltung, Cash Flow und Flexibilität – auf den Unternehmenserfolg, so kommen unter diesen Aspekten mehrere Anforderungen auf ein Unternehmen zu. Der wichtigste Punkt ist, dass von dem Unternehmen die beschriebenen Veränderungen und vor allem auch die damit verbundenen Auswirkungen auf die Distributionslogistik erkannt werden müssen. Zugleich muss das Distributionsnetzwerk aber auch so gestaltet sein, dass es mit vertretbarem Aufwand an diese neuen Herausforderungen angepasst werden kann.

Allzu oft passiert es, dass ein Unternehmen vor längerer Zeit ein anderes Unternehmen gekauft hat und es bei der Distributionsstruktur keine grundlegenden Veränderungen gegeben hat. Hieran wird deutlich, dass viele Unternehmen die neuen Herausforderungen und Chancen bei weitem nicht genutzt und umgesetzt haben.

1.3 Elemente und Treiber der Distributionslogistik

Europäische Distributionsnetzwerke sind häufig dadurch geprägt, dass sie historisch gewachsen sind. Der Standort von Lagern erklärt sich aus dem Zukauf von Unternehmen, aus geografischen Vorlieben der Länderverantwortlichen, aus der langjährigen Zusammenarbeit mit Speditionsunternehmen und anderen Gründen. Über viele Jahre hinweg sind dabei typischerweise nur einzelne Lagerstandorte oder Transporte untersucht worden, nie aber das gesamte europäische Distributionsnetzwerk.

Dies war in der Vergangenheit sicher auch angebracht. Da jedoch die Anzahl der Unternehmensakquisitionen zugenommen hat und auch gestiegenen Kundenanforderungen Rechnung getragen werden muss, ist der Handlungsdruck im Bereich der Distributionslogistik in den letzten Jahren erheblich gewachsen. Es zeigt sich die eindeutige Notwendigkeit, dass Distributionsnetzwerke bei einer Neugestaltung deutlich flexibler werden müssen, um damit leichter auf neue Kundenanforderungen oder Akquisitionen reagieren zu können.

Die Darstellung der wesentlichen Elemente der Neugestaltung eines europäischen Distributionsnetzwerkes grenzt das Thema bewusst auf einen Aspekt der Supply Chain, die Distributionslogistik, ein.

Für sie gilt immer noch die Regel: „One order, one delivery, one invoice."

1.3.1   Elemente der Distributionslogistik

Natürlich gibt es eine ganze Reihe von Definitionen für den Begriff der Logistik. Vom amerikanischen gemeinnützigen *Council of Logistics Management* wird der Logistikbegriff beispielsweise so erklärt: „Logistics is that part of the Supply Chain Process that plans, implements, and controls the efficient, effective flow and storage of goods, services, and related information from the point of origin to the point of consumption in order to meet customers' requirements." Logistik umfasst also den gesamten Güter- und Informationsfluss. Häufig wird aber auch noch der Finanzfluss mit einbezogen, da zumindest der Rechnungsstellung eine erhebliche Bedeutung für die fehlerfreie Bearbeitung eines Auftrags zukommt. Sie ist zudem eng mit der Auftragsbearbeitung und der tatsächlichen Lieferung verbunden.

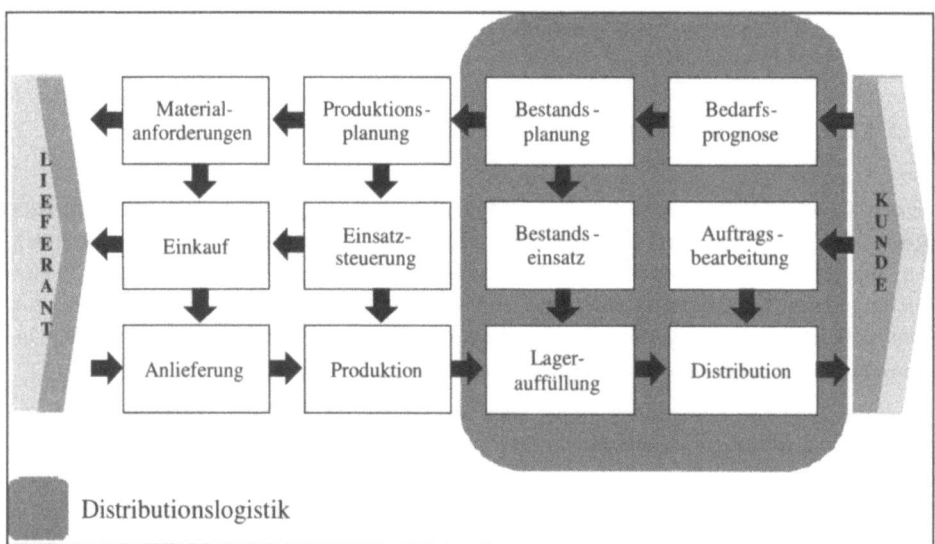

Abbildung 3: Distributionslogistik

Die Distributionslogistik betrifft nur die Logistik zwischen zwei Unternehmen und zwar aus Sicht des Versenders. Dabei entspricht diese Einschränkung auf die Logistik zwischen zwei Unternehmen nicht dem ursprünglichen Supply-Chain-Gedanken. Denn innerhalb der Supply Chain lassen sich dann umfassende Verbesserungspotentiale erschließen, wenn möglichst viele Unternehmen in eine logistische Kette einbezogen werden. Diese Effekte zeichnen sich bei Internet-Portalen der verschiedenen Branchen ab, wie beispielsweise dem World Wide Retail Exchange (WWRE) für Konsumgüter.

Zu den Kernelementen der Distributionslogistik gehören:

- Bedarfsprognose
- Bestandsplanung
- Bestandseinsatz
- Lagerauffüllung
- Auftragsbearbeitung
- Physische Auslieferung

Dieses Buch unterstellt dagegen die Anlieferpunkte bei Kunden als eine vom Kunden vorgegebene Größe. Das ist in vielen Fällen eine realistische Annahme.

1.3.2 Netzwerke als physischer Teil der Distributionslogistik

Der physische Teil der Distributionslogistik der Netzwerke besteht aus drei Basiselementen: Lager, Transporte und Bestände. Sie bilden das Fundament für die Netzwerke und sind in ihrer Ausprägung wesentlich für die Stärke und Beständigkeit eines solchen Distributionsnetzwerkes verantwortlich.

Die Haltung von Produkten in Lagern wird im Allgemeinen als ein im Grunde unproduktiver Vorgang verstanden. Die Ursache hierfür liegt in der Tatsache begründet, dass beim Lagern Raum, Zeit und Kapital gebunden werden.

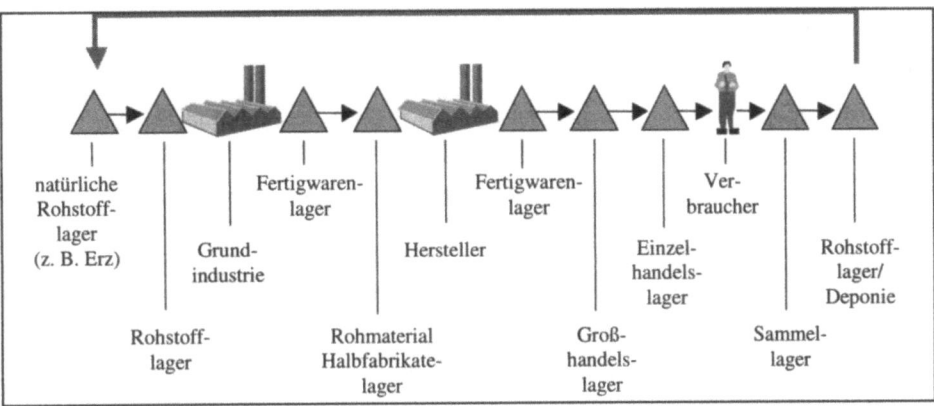

Abbildung 4: Lagerhaltung

Der Bereich der Transporte umfasst besonders vor dem Hintergrund der stärkeren Verschmelzung des europäischen Wirtschaftsraumes weit mehr als den reinen Transport bestimmter Produkte von Punkt „A" nach Punkt „B". Vielmehr versteht man unter

Transport die Überwindung geografischer Distanzen, die durch zunehmende Entfernung zwischen Produktions- und Konsumort vorgegeben sind. Die Produkte müssen nach mehreren Kriterien sortiert werden: Güterklasse, Ladung, Empfänger und Relation. Weitere Elemente des Transports sind das Identifizieren, Verpacken und Verfolgen von Ladungen. Der rein administrative Teil des Transports umfasst die Disposition von Kapazitäten, Terminen, Personal, etc. sowie das Management von Transport- und Informationsketten.

Das Zusammenwachsen von Europa als Wirtschaftsregion wird in nächster Zeit noch mehr Bewegung auf dem Transportmarkt bringen und dort zu wesentlichen Veränderungen führen. Dazu gehören der steigende Wettbewerb, dramatische Kostenänderungen (vor allem für den Standort Deutschland), weiterhin steigende Volumina, wachsende Umweltforderungen, Harmonisierung der gesetzgeberischen Auflagen und verursachungsgerechte Kostenzuordnung

Die Bestände werden ausdrücklich in die Betrachtung des Netzwerkes mit einbezogen, da die aus den Beständen resultierenden Kapitalbindungskosten bis zu 60 Prozent der Kosten für die Distributionslogistik ausmachen können. Dieser Wert ist selbstverständlich, wie bereits gezeigt, branchenspezifisch sehr unterschiedlich. Dennoch werden die Bestände und das damit verbundene Kosteneinsparpotential im Rahmen einer Netzwerkoptimierung häufig unterschätzt.

1.3.3   Distributionsnetzwerke in Europa

Das vorliegende Buch konzentriert sich auf Distributionsnetzwerke in Europa, was aus der Tatsache resultiert, dass nationale Netzwerke der Vergangenheit angehören.

Ökonomisch interessant sind dabei insbesondere der einheitliche Wirtschaftsraum der Europäischen Union sowie der Wirtschaftsraum der Länder, die in absehbarer Zeit zur Europäischen Union beitreten werden. Hinzu kommt noch die Schweiz auf Grund ihrer besonderen geografischen Lage. Allein die Europäische Union verfügt über rund 375 Millionen Einwohner. Mit der Schaffung des Euro, als einheitliche europäische Währung, ist ein deutlicher Schritt zur Homogenisierung dieses Wirtschaftsraumes eingeleitet worden.

Gleichwohl zeichnet sich Europa auch durch seine regionalen und nationalen Besonderheiten aus. Es unterscheidet sich damit aus logistischer Sicht beispielsweise deutlich von den Vereinigten Staaten von Amerika. Diese Charakteristika werden durch die Sprachenvielfalt, die Sonderstellung der Schweiz als Nicht-Mitglied der Europäischen Union und die Grenzen zu den osteuropäischen Ländern deutlich.

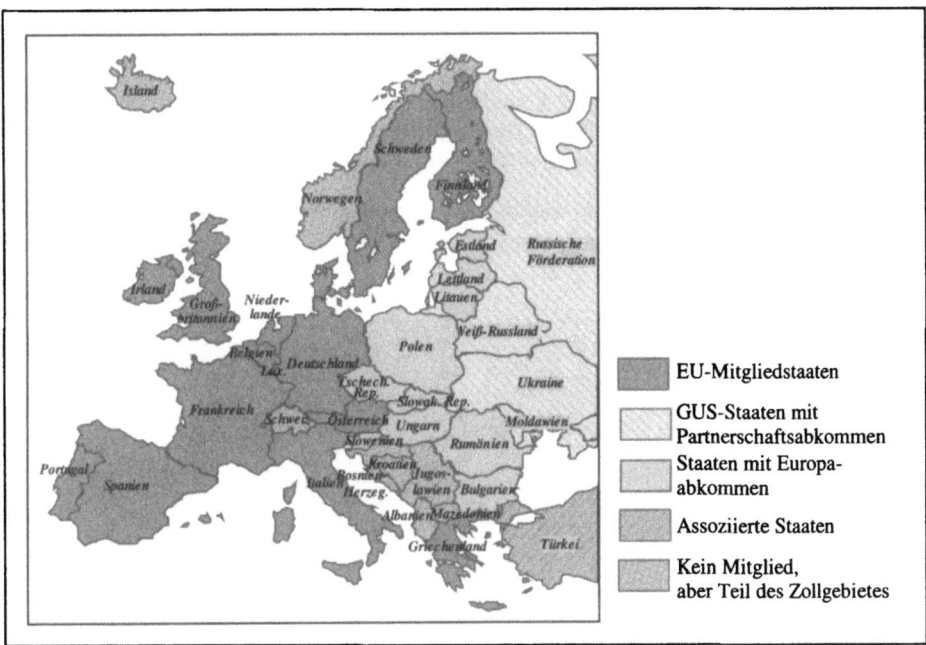

Abbildung 5: Wirtschaftsräume in Europa

Aus dieser Vielfalt ergibt sich aber gerade die Herausforderung für die Gestaltung von neuen einheitlicheren Distributionsnetzwerken in Europa.

1.4 Typische Netzwerke in Europa

Distributionsnetzwerke sind meistens historisch gewachsen. Von internationalen Unternehmen wurden Ländergesellschaften gegründet, vielfach weitere Unternehmen akquiriert. Durch die neuen Bedingungen müssen besondere Kundenanforderungen befriedigt werden. Erschwert wird die Neuorganisation teilweise durch ein ausgeprägtes Selbstverständnis nationaler Vertriebsorganisationen, sie blockieren notwendige Veränderungen.

Es sei an dieser Stelle noch einmal betont, dass es nicht *das* optimale Distributionsnetzwerk gibt, das die Anforderungen aller Unternehmen erfüllt. Was jedoch eindeutig festgestellt werden kann, ist ein Trend zur Konsolidierung von Distributionsnetzwerken in Europa.

Das bestehende Distributionsnetzwerk ist für die Gestaltung eines europäischen Netzwerkes insofern wichtig, als eine Organisation nicht beliebige Entwicklungssprünge verkraftet. Ein Unternehmen, dessen Distributionsnetzwerk bisher auf einer rein dezentralen

Struktur basierte, wird sich sehr schwer mit der Umstellung auf eine reine Zentrallagerlösung tun, selbst wenn Wettbewerber dieses realisiert haben.

Europa wird bislang nur in den absoluten Ausnahmefällen aus einem Zentrallager bedient. Viel häufiger sind europäische Distributionsnetzwerke, die aus einer mehr oder weniger großen Anzahl von Lagern und Umschlagspunkten bestehen.

Nachfolgend werden sowohl die wichtigsten geografischen als auch die funktionalen Ausprägungen europäischer Distributionsnetzwerke analysiert, die derzeit am weitesten verbreitet sind:

- Geografische Ausprägungen:
  - Nationale Netzwerke
  - Regionale Netzwerke
  - Zentrale Netzwerke

- Funktionsorientierte Ausprägungen:
  - Satellitenförmig
  - Cross-Docking

1.4.1   Geografische Ausprägung

Bereits seit Jahren ist jedoch ein klarer Trend bei der geografischen Ausprägung von Distributionsnetzwerken zu beobachten, der in der Konsolidierung von Distributionsnetzwerken besteht. Mit Konsolidierung ist in diesem Falle nicht gemeint, dass nur noch *ein* europäisches Zentrallager existiert, vielmehr ist die Folge eine Reduzierung der Anzahl der Lager.

Nationale Netzwerke

Es gibt zwei typische Ausprägungen der nationalen Netzwerkstrukturen. Dies sind zum einen dezentrale nationale Netzwerke, bei denen ein Land aus einer Vielzahl von Lagern versorgt wird, wie es beispielsweise bei Lebensmitteln verbreitet ist. Außerdem existiert eine Reihe von länderspezifischen Zentrallagern, die innerhalb eines Landes für eine Distribution bestimmter Güter, wie Bücher oder Zeitschriften, aus einem einzigen Lager sorgen.

Dezentrale nationale Netzwerke

In den für Distributionsfragen wichtigen europäischen Ländern finden sich viele Unternehmen, die noch über eine Vielzahl von dezentralen Lagern innerhalb eines Landes verfügen. Bei diesen Lagern handelt es sich in der Regel nicht um Produktionslager, die unmittelbar mit einer Produktionsstätte in Verbindung stehen. Vielmehr sind es typische

Distributionslager, in denen entweder ein Teilsortiment oder sogar das Gesamtsortiment gelagert wird. Der Effekt, der durch diese dezentralen Lager erzielt werden soll, ist ein hohe Verfügbarkeit aller Produkte. Leider stellen sich sehr häufig nicht diese gewünschten positiven Effekte auf den Lieferservice ein, sondern das Gegenteil tritt ein: Die Gefahr einer „Out-of-Stock-Situation" ist erheblich gesteigert.

Für eine Reihe von Sortimenten wird eine dezentrale Lagerstruktur im eigenen Land benötigt, z. B. Frische Produkte, Baustoffe, Selbstabholer-Sortimente. Der wichtigste Treiber für die große Anzahl der Lager bleibt die kürzere Lieferzeit. Daher sind Computer-Ersatzteile mit wenigen Stunden Lieferzeit ein typisches Produkt, das in Extremfällen sogar direkt im Rechenzentrum oder im Kofferraum des Servicetechnikers gelagert werden muss. Allerdings bleibt die Gefahr der mangelhaften Teileverfügbarkeit oder explodierenden Bestandskosten bestehen

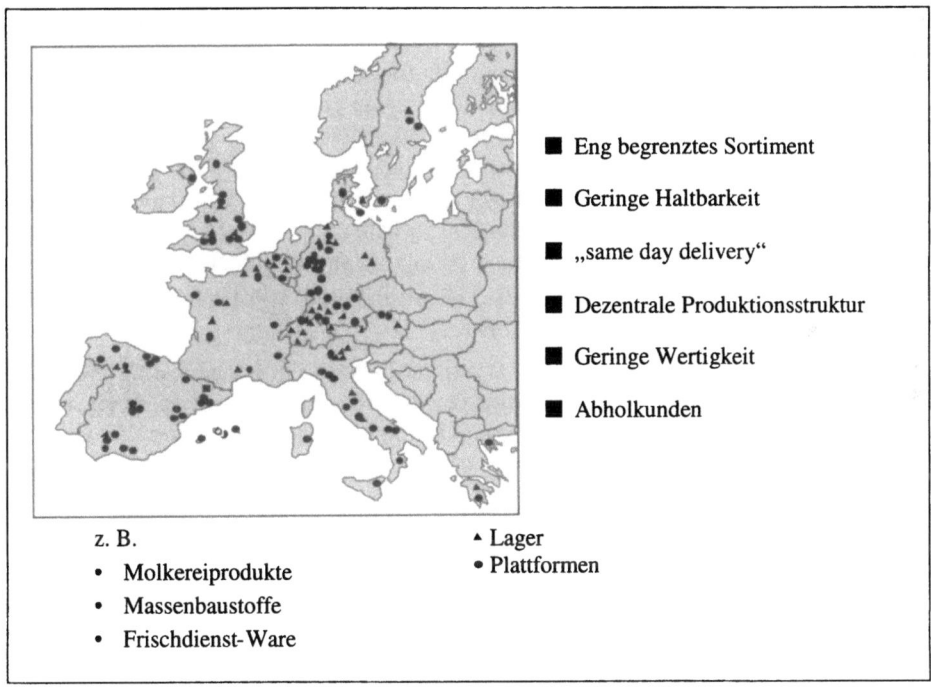

Abbildung 6: Dezentrale nationale Netzwerke

Selbstverständlich spielen auch die Transportkosten in diesem Zusammenhang eine wesentliche Rolle. Deshalb müssen bei der Einführung neuer Distributionsstrukturen die Transportkosten genau geprüft werden. Denn die Lieferungen in ein konsolidiertes Regionallager müssten zu so weitreichenden Einsparungen führen, dass die Mehrkosten für die Einlagerung, Lagerung und Kommissionierung in vielen dezentralen Lagern aufgewogen würden.

Die Folge eines solchen dezentralen Ansatzes ist ferner, dass damit die Kunden an Lieferzeiten gewöhnt werden, die deutlich unter den eigentlich geplanten liegen, ohne dass die Kunden für diesen „zusätzlichen Service" etwas zahlen müssen. Die Ware ist sowieso im Regionallager vorhanden und kann daher auch sehr kurzfristig zum Kunden geliefert werden. Dieser exzellente und schnelle Lieferservice wird dabei nicht als eigenes Produkt oder als wichtiges Produktbestandteil verkauft, sondern ist im normalen Laden- oder Listenpreis enthalten.

Bei dezentralen nationalen Lagern entstehen ferner Kosten für Eillieferungen zwischen einzelnen Lagerstandorten, die aus Fehldispositionen entstehen. Zudem kommt es durch Bestände, die „festliegen" und sich nicht mehr drehen oder durch Beschädigungen bei Mehrfachhandling zu zusätzlichen Aufwendungen, die an dieser Stelle mit in Betracht gezogen werden müssen, jedoch allzu oft übersehen werden.

Unternehmen sollten nach Möglichkeit zu große Bestände in der Fläche vermeiden, fast um „jeden" Preis. Alternativen dazu sind so genannte „bestandslose Plattformen", das sind Handelsplattformen, bei denen die Ware innerhalb eines Tages ein- und ausgeliefert wird, selbst wenn die Transporte zur Lagerauffüllung damit nicht zu 100 Prozent ausgelastet sind. Eine andere Möglichkeit besteht darin, nur wenige A-Teile (höchste Lieferpriorität) in vielen dezentralen Lagern vorrätig zu halten und alle anderen Teile nur aus einem Zentrallager anzuliefern. Bei diesem Ansatz ist ein differenziertes Lieferversprechen unter Umständen die Voraussetzung. Die Auslieferung von Kleinstmengen könnte aber auch an Großhändler übertragen werden.

Würden in Unternehmen, die so starke dezentrale Lagerstrukturen aufweisen, Pläne für eine Neugestaltung der Distributionsnetzwerke entworfen, so böte sich an, in einem ersten Schritt eine nationale Konsolidierung durchzuführen. Daran anschließend könnte im zweiten Schritt der Aufbau einer europäischen Distributionsstruktur nach Regionen erfolgen.

Hauptgrund für diese zeitliche Abfolge sind sowohl fehlende organisatorische Strukturen, aber auch Mitarbeiter, die noch nicht ausreichend darin geübt sind, in den Distributionsstrukturen nach europäischen Regionen zu denken.

Länderspezifische Zentrallager

Die zweite Form von nationalen Netzwerken bilden länderspezifische Zentrallager. In den nationalen Netzwerken werden die Kunden eines Landes aus einem nationalen Lager beliefert und zwar mit Produktsortimenten, die landesspezifisch verschieden sind und bei denen z. B. durch mehrsprachige Verpackungen auch keine Internationalisierung erreicht werden kann. Auch Bücher sind typische, länderspezifische Produkte, für die in Deutschland und Frankreich unterschiedliche Lager benötigt werden.

Bei bestimmten Produkten sprechen zahlreiche Gründe für länderorientierte Lagerstrukturen, dazu gehören beispielsweise eine gewisse Sortimentsgröße, eine begrenzte Mindesthaltbarkeit der Ware oder aber Produkte, die ausschließlich für einen nationalen Markt bestimmt sind.

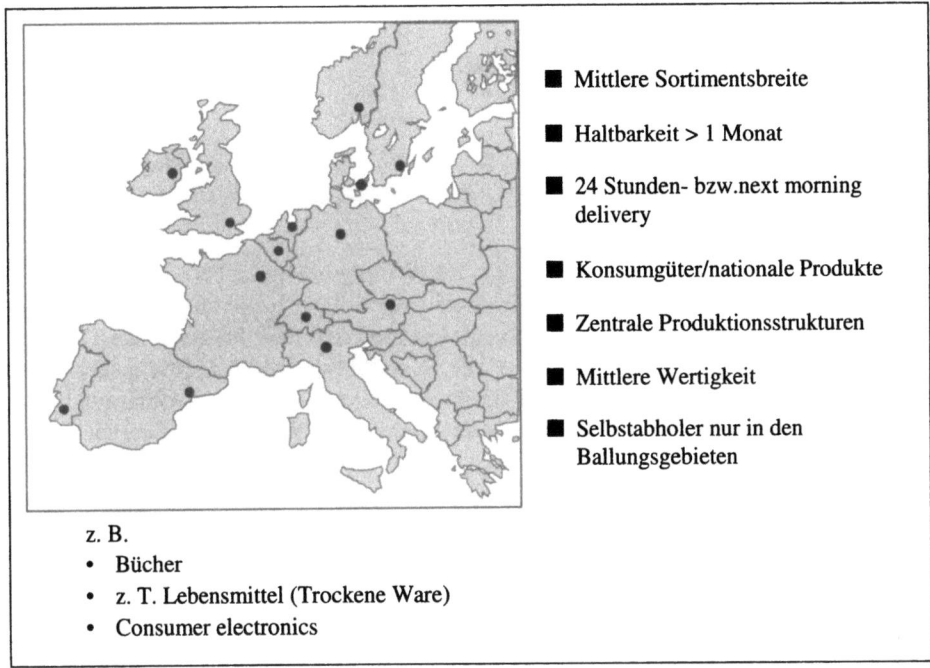

Abbildung 7: Länderspezifisches Zentrallager

Den Hauptgrund für das Fortbestehen von nationalen Distributionsstrukturen bilden weniger Prozessfragen, sondern vielmehr bestehende Kompetenz und Verantwortlichkeiten. Insbesondere dort, wo starke nationale Länderorganisationen etabliert sind, die häufig einen ausgewiesenen Vertriebsfokus haben, wird sehr viel Wert auf den direkten Zugriff der Bestände und damit auf das „eigene" Lager gelegt.

Schon die Frage, wie mit Beständen in Fällen von Engpasssituationen umzugehen ist, baut erhebliche Widerstände bei der Abkehr von nationalen Lagerstrukturen auf. Zur Illustration kann folgendes Beispiel dienen: Die schweizerische Landesorganisation muss trotz ihrer eigenen, perfekten Bedarfsprognose mit ansehen, dass es zu einem für sie relevanten Engpass kommt, da die italienische Landesorganisation etwas weniger perfekt geplant hat und daher nun ein ungeplanter Bedarf besteht.

Dabei verfügen nationale Distributionsstrukturen über einen ganz wesentlichen Vorteil, der nicht unterschätzt werden darf, besonders wenn noch Länderorganisationen vorhanden sind: Sie schaffen klare Verantwortlichkeiten. Die logistische Leistungsfähigkeit einer Landesorganisation lässt sich anhand einiger Punkte sehr genau die ermitteln. Diese sind:

- Qualität der Bedarfsplanung,
- Lieferzuverlässigkeit der Produktion und
- Lieferservice gegenüber den Kunden

Sollten bei der Unternehmensleitung Zweifel über die Leistungsfähigkeit einer Länderorganisation aufkommen, so muss sie diese Aspekte sorgfältig prüfen und bei Bedarf entsprechend gegensteuern.

Auf der europäischen Landkarte gibt es eine Reihe von großen Flächenstaaten, wie z. B. Deutschland, Frankreich, Italien oder Schweden. Daneben existieren aber auch eine Vielzahl von kleineren Ländern, wie Belgien, Dänemark oder den Niederlanden, die auf Grund ihrer regionalen Ausdehnung und der Bevölkerungsanzahl kein eigenes Lager benötigen. Wenn beispielsweise ein Auslieferlager in den Niederlanden vorhanden ist, so lässt sich von dort aus in den vorgegebenen Lieferzeiten zumeist auch der belgische Markt beliefern.

Die Frage nach der Überlebensfähigkeit von nationalen Distributionsnetzwerken stellt sich auch deshalb zunehmend, da das Argument für die eindeutige organisatorische Einbindung mit klaren Verantwortlichkeiten die nationalen Strukturen immer weniger stützt. In vielen Unternehmen werden zurzeit die Länderorganisationen zu Gunsten von transnationalen Verantwortlichkeiten abgelöst, in deren Fokus die Distribution via Regionen liegt.

Regionale Netzwerke

Hinter dem Begriff „Regionale Netzwerke" verbirgt sich eine Aufteilung der europäischen Distributionslandkarte nach einzelnen Wirtschaftsregionen, die sehr häufig länderübergreifend sind. Für die Realisierung eines auf Regionen ausgerichteten Distributionsnetzwerkes ist eine europäische Sortimentspolitik von erheblichem Vorteil, die auf länderspezifische Produkte weitgehend verzichtet und die Belieferung mehrerer Länder mit ein und demselben Produkt zulässt. So sind typischerweise in den Lagern der regionalen Netzwerke Produkte mit großen Sortimentsbreiten, mit langer Haltbarkeit (die keine kurzfristige Auslieferungszeit zum Kunden benötigen) und mit internationalem Standard zu finden.

Auf dem europäischen Markt ist es nahe liegend, dass die Europäer zunächst einmal ihre jeweiligen länderspezifischen Besonderheiten sehen. Bei externen Marktteilnehmern, wie beispielsweise den Amerikanern, existiert sicherlich ein ganz anderer Blickwinkel. Zur Vorgehensweise eines amerikanischen Unternehmens, das den europäischen Markt erobern möchte, gehört natürlich zunächst einmal die Einrichtung einer europäischen Distributionsstruktur. Eine denkbare Methode wäre es, dass auf einer Europakarte (mit ausgewiesener Bevölkerungsdichte) durch einen Kreis eine strategisch günstige Region bestimmt wird, in der ein Lieferservice von 24 Stunden realisierbar ist.

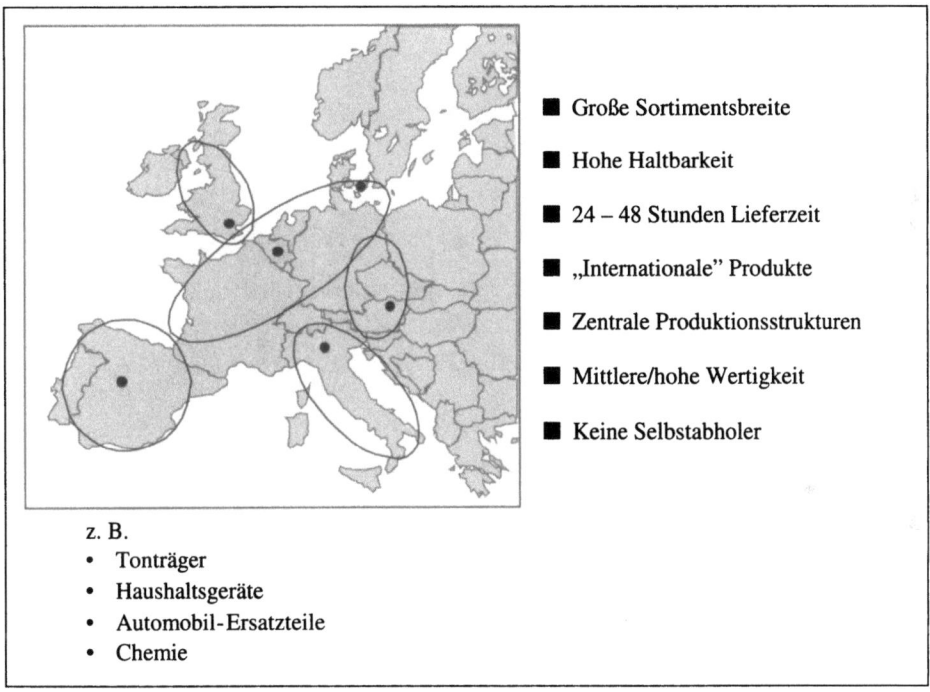

Abbildung 8: Regionale Netzwerke

Die Distribution in regionalen Netzwerken setzt immer voraus, dass die logistischen Aktivitäten länderübergreifend gesteuert werden, dazu gehörten sowohl die länderübergreifende Belieferung oder aber die Belieferung eines Landes aus mehreren Lagern. Zu diesem Zwecke müssen Unternehmen ihre Länderorganisationen auf rein rechtliche Belange reduzieren und die tatsächliche Organisation an Regionen ausrichten, sodass das Versandgebiet eines Lagers mit einer Region übereinstimmt. Die Alternative dazu ist eine zentrale Organisation der Logistik im Unternehmen, wobei die Vertriebsverantwortung von der Logistik getrennt aufgesetzt wird. Diese ist besonders dann erforderlich, wenn ein Land aus zwei Regionallagern, die grenzüberschreitend liefern, beschickt werden soll.

Als Beispiel für so ein regionales Netzwerk soll hier das Dreiländereck, die Region um Aachen, genannt werden.

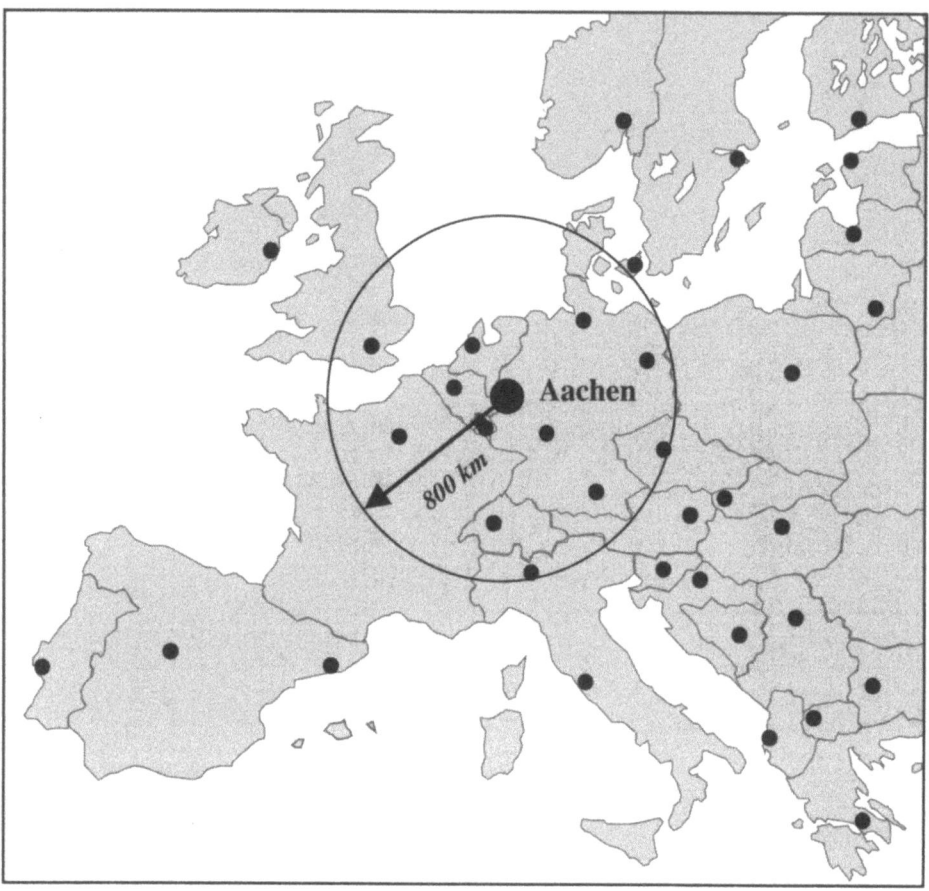

Abbildung 9: Regionale Netzwerke: Europäische Lieferregion

Wäre der Standort für das Lager die Stadt Aachen, so könnte von hier aus innerhalb eines Umkreises von 800 km ca. 60 Prozent der gesamten Bevölkerung in West-Europa beliefert werden, denn im entsprechenden Einzugsgebiet von Aachen liegen:

- das Ruhrgebiet
- das Rhein / Main-Gebie
- das Rhein / Neckar-Gebiet bis Basel

- Hannover / Kassel
- die sehr dicht besiedelten Niederlande
- der Großraum Paris
- Belgien

Voraussetzung für die Distribution von diesem Standort aus ist selbstverständlich die Berücksichtigung der unterschiedlichen Länderspezifika.

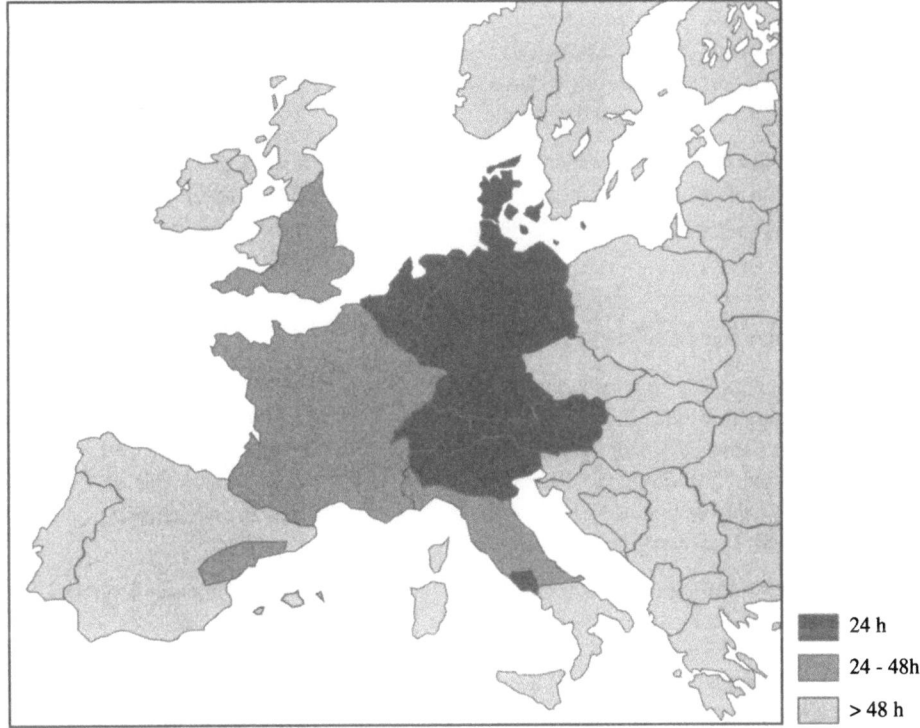

24 h

24 - 48h

> 48 h

Abbildung 10: Beispielhafte Lieferzeitanforderungen in Europa

Neben dem Raum Aachen gibt es aber auch noch andere europäische Standorte, die aus Distributionssicht von besonderem Interesse für die Errichtung eines europäischen Distributionsnetzwerkes sind: *Grenoble*, *Vorarlberg* und *Wien*.

Die Region um *Grenoble* eignet sich beispielsweise gut für die Belieferung von Südfrankreich, Italien und Spanien, vor allem wenn der französische Norden durch ein Lager in Aachen abgedeckt wird. Besonders hilfreich ist in diesem Zusammenhang der Umstand, dass die Lieferzeitanforderungen einem Nord-Süd-Gefälle unterliegen.

Dadurch wird auch die Belieferung von Süditalien oder Südspanien auf Grund der längeren Lieferzeiten noch vom Standort Grenoble möglich.

Der Standort *Vorarlberg* zeichnet sich durch die günstige Lage zur Schweiz aus. Von einem Vorarlberger Lager aus ist es möglich, noch relativ spät mit Lieferungen in die Schweiz zu starten, ohne mit dem nächtlichen Einreiseverbot für LKW in die Schweiz zu kollidieren. Bei einem Grenzübertritt am Abend, der von Vorarlberg möglich ist, kann ein Knotenpunkt eines schweizerischen Paketdienstes noch erreicht werden, und die Auslieferung innerhalb von 24 Stunden ist gewährleistet.

Wien wird sich in dem Maße zu einem zentralen Standort für die europäische Distribution entwickeln, in dem die wirtschaftliche Zusammenarbeit intensiver wird und dadurch letztlich die Grenzen nach Osteuropa durchgängiger werden und kürzere Wartezeiten bei Grenzübertritten für LKWs mit sich bringen.

Im Gegensatz zu den regionalen Netzwerken, die von einigen strategisch günstigen Positionen aus die Großräume und Ballungszentren beliefern, stehen die zentralen europäischen Netzwerke, die von einem einzigen Standort aus Europa vollständig beliefern.

Europäische Netzwerke (Zentrallager)

Die Belieferung ganz Europas aus *einem* Lager stellt die extremste Ausprägung der konsolidierten Distribution dar, deshalb handelt es sich auch – bislang zumindest – um eine Ausnahme. Diese europäischen Zentrallager zeichnen sich durch eine sehr große Sortimentsbreite, lange Haltbarkeit der Produkte, deren Lieferzeit von einem bis zu drei Tagen reicht, aus. Außerdem sind es hochwertige Investitionsgüter, die oft einzeln versandt werden, wobei die Transportkosten als zweitrangig angesehen werden.

Die Nutzung eines europäischen Zentrallagers für die Belieferung des gesamten europäischen Marktes ist an bestimmte grundsätzliche Voraussetzungen gebunden. Zentrales Thema ist dabei, dass es sich um Produkte mit einer langfristigeren Lieferzeit handeln muss. Bei einer durchschnittlichen Durchlaufzeit der Auftragsbearbeitung müssen drei Tage Lieferzeit eingerechnet werden. In Zeiten von 8 Stunden-Lieferungen und „Just in Time" klingt dieses zunächst einmal sehr lang. In Gesprächen mit Branchenexperten wird jedoch deutlich, dass solche Lieferzeiten in einigen Industrien ausreichend sind und 24-Stunden-Lieferungen eher die Ausnahme bilden.

Beispielsweise wird in der Schuhindustrie ein beachtlicher Teil des Geschäfts über Aufträge abgewickelt, die vor allem im Rahmen von Messen wie der GDS bis zu einem halben Jahr vor der eigentlichen Auslieferung aufgegeben werden. Auch die Anlieferung an Großhändler kann mit einer Vorlaufzeit in einer für eine Zentrallagerlösung benötigten Größenordnung geschehen, auch wenn Großhändler ebenfalls die Tendenz haben, die Lieferzeiten ihrer Lieferanten zu verkürzen, um Kapitalbindungskosten durch Bestände und das Bestandsrisiko zu minimieren.

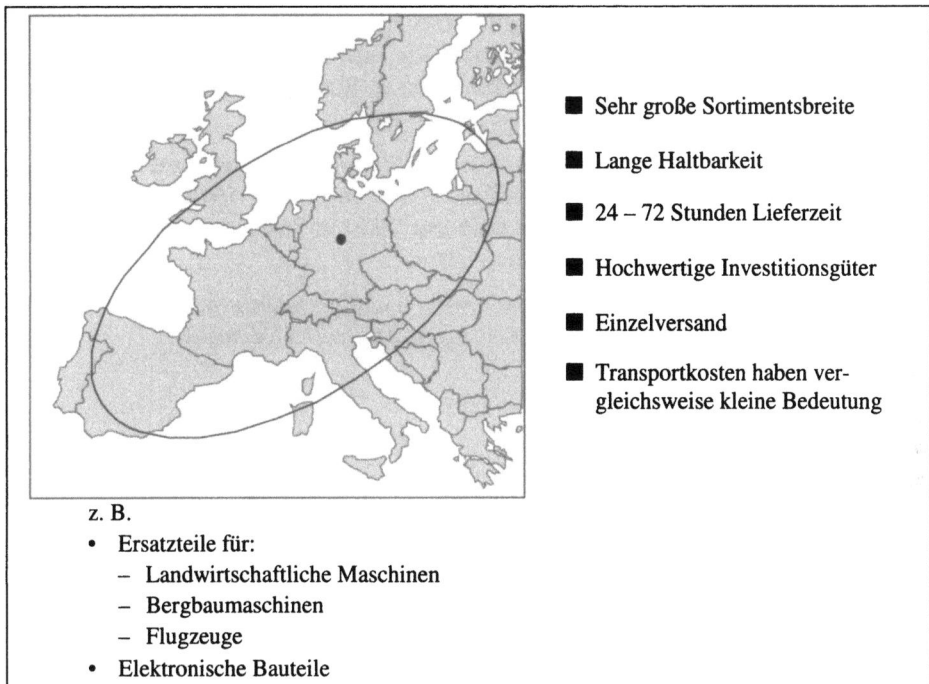

z. B.
- Ersatzteile für:
  - Landwirtschaftliche Maschinen
  - Bergbaumaschinen
  - Flugzeuge
- Elektronische Bauteile

Abbildung 11: Europäische Netzwerke (Zentrallager)

Sind die entsprechenden Voraussetzungen aber gegeben, dann bieten Zentrallagerlösungen ganz erhebliche Vorteile. Das wichtigste Argument für eine Zentrallagerlösung ist die hohe Verfügbarkeit von Produkten. Denn bei dezentralen Netzwerken steigt mit jedem zusätzlichen Lager die Wahrscheinlichkeit, dass das Produkt gerade nicht in dem Lager liegt, in dem es aktuell benötigt wird. Vielfach ist es auf Grund der Kapitalbindungskosten nicht mehr tragbar, ständig wachsende Sortimente mit den notwendigen Beständen an mehr als einem Ort zu lagern. In Falle der „Nichtverfügbarkeit" muss dann dem Kunden entweder die Lieferunfähigkeit eingestanden werden, oder es fallen erhebliche Transportkosten für Eillieferungen an. Die Kosten für diese Lieferungen machen in manchen Unternehmen bis zu fünf Prozent der gesamten Transportkosten aus. Jedoch zeigen viele Analysen, dass auch bei Eillieferungen nicht die optimalen Distributionswege gewählt werden. Bei einer Abwägung der Vor- und Nachteile einer Zentrallagerlösung müssen deshalb solche anfallenden Mehraufwendungen für Transporte sehr genau einkalkuliert werden.

Die Lieferzuverlässigkeit wird von allen Seiten immer wieder als vorrangig vor der Liefergeschwindigkeit genannt, sofern die Industriestandards erfüllt werden. Unternehmen sollten deshalb stets versuchen, sich über Zuverlässigkeit und nicht über Geschwindigkeit zu differenzieren. Außerdem führt Geschwindigkeit sehr schnell zu erheblichen Mehrkosten, während durch Lieferzuverlässigkeit auch erhebliche Einsparpotentiale im eigenen Unternehmen erschlossen werden können. Wie auch im Produktionsbereich können über hohe Qualitätsstandards deutliche Potentiale im Bereich der Logistik erschlossen werden.

Ein weiterer wichtiger Punkt bei den europäischen Zentrallagern sind die Bestände. Rein rechnerisch gesehen führt eine Zusammenlegung von Lagern in erster Linie zu niedrigeren Sicherheitsbeständen. Die Erfahrung zeigt aber, dass die Auswirkungen auf Bestände wesentlich größer sind und darüber hinaus reichen.

Durch die Zusammenführung der Bestände wird ein völlig anderes Management ermöglicht, als es bei Beständen von dezentralen Lagerstrukturen realisierbar ist.

1.4.2   Funktionale Ausprägungen

Distributionsnetzwerke können nicht nur nach geografischen Ausprägungen, sondern auch nach funktionalen Ausprägungen unterschieden werden. An dieser Stelle sollen zwei besonders wichtige vorgestellt werden: satellitenförmige Netzwerkstrukturen und Cross Docking.

Satellitenförmige Netzwerkstruktur

Der Vorteil der satellitenförmigen Netzwerkstruktur liegt darin, dass sie hinsichtlich der Bestände und Verfügbarkeit die Möglichkeit der Differenzierung bietet. Dabei werden in den dezentralen Lagern die Produkte platziert, die durch eine ABC-Analyse als schnelldrehende, schwankungsarme Artikel bewertet wurden. Sie sind prädestiniert für die Lagerung in der Fläche, also in regionalen Lagern. Dagegen sollten alle anderen, meist die Mehrzahl der Artikel, weiter zentral gelagert werden.

Bei satellitenförmiger Netzwerkstruktur müssen jedoch einige Punkte im Vorfeld beachtet werden. Üblicherweise gilt bei der Distribution die Forderung: „One order, one delivery, one invoice." Wenn nun Artikel eines Auftrages an verschiedenen Punkten lagern, müssen sie entweder vor der Lieferung zum Kunden zusammengefügt werden, oder der Kunde muss gesplittete Aufträge akzeptieren, erfahrungsgemäß kommt dies selten vor. Gesplittete Aufträge bieten sich deshalb bevorzugt an, wenn der zu beliefernde Empfänger zum eigenen Unternehmen gehört, z. B. bei der Versorgung von unternehmenseigenen Werkstätten mit Ersatzteilen.

Das Problem des Auftragssplitten könnte durch einen sehr engen Informationsaustausch zwischen den beiden Unternehmen, dem Lieferanten und dem Kunden, behoben werden. Dazu müsste der Kunde bereit sein, seine Bestellungen auf die Lieferstandorte des Lieferanten aufzuteilen. Mit diesem Informationsfluss wäre unter Umständen aber auch ein Einblick in die Bestandssituation des Lieferanten gegeben. Für die meisten Industrien ist dies zurzeit noch undenkbar, realisiert wird am schnellsten dort, wo der Kunde eine erhebliche Machtposition gegenüber seinem Lieferanten hat, wie z. B. in der Automobilindustrie in Rahmen von B2B-Plattformen.

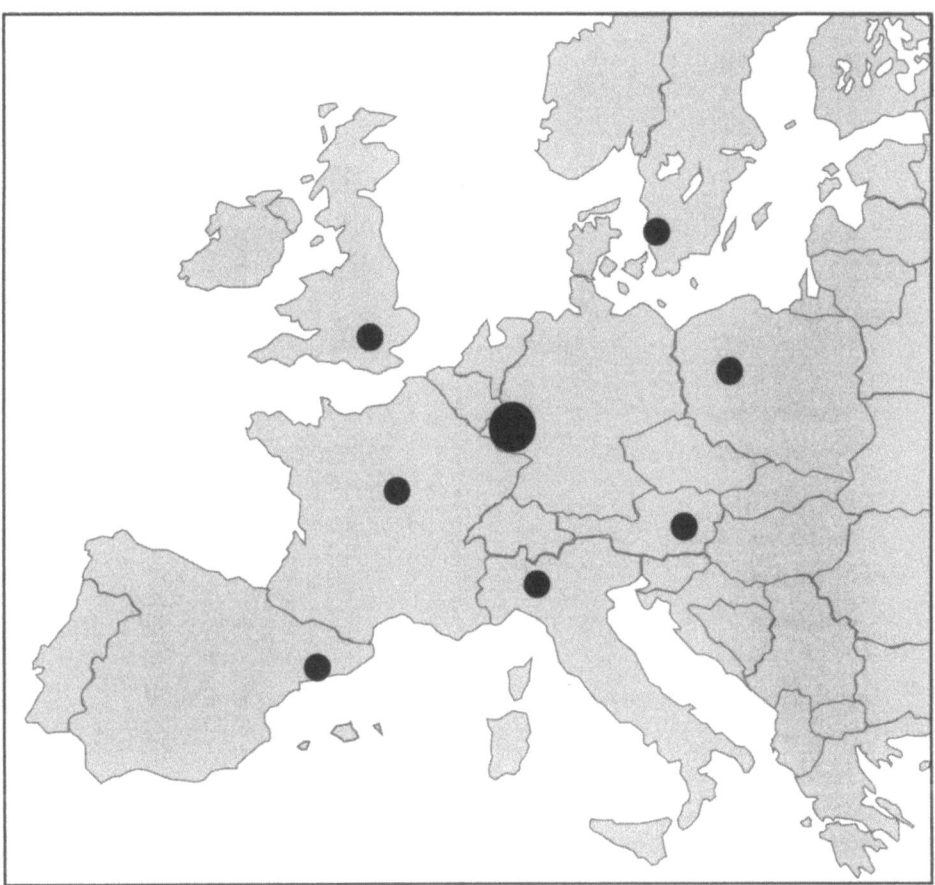

Abbildung 12: Satellitenförmige Netzwerkstruktur

Cross Docking

Die Auftragssplittung wird von Kunden – wie erwähnt – nur selten akzeptiert, deshalb stellt sich die Frage, wie die Aufträge vor der Lieferung zum Kunden zusammengeführt werden können. Eine Methode ist das Cross Docking, bei dem Aufträge für eine Lieferregion auf einer bestandslosen Plattform zusammengestellt werden. Alle benötigten Artikel werden also in der exakt für die Aufträge benötigten Menge zur Plattform gefahren, dort ohne zusätzliche Zwischeneinlagerung kommissioniert, mit den Artikeln aus anderen Standorten zusammengeführt und als „Komplettsendung" zum Kunden geliefert.

Regionallager
Transit-Terminal

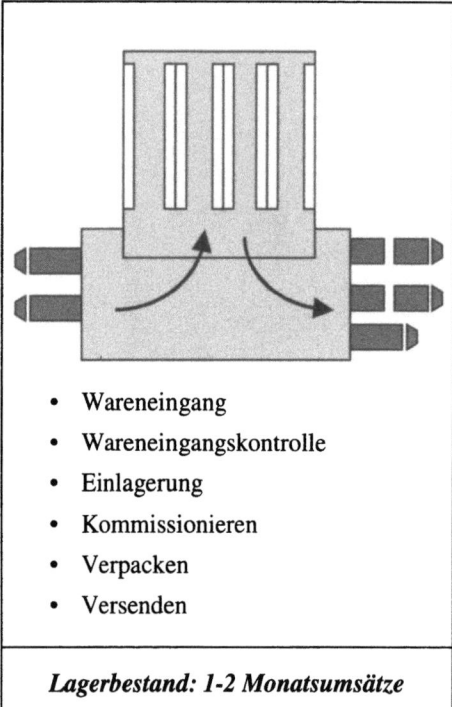 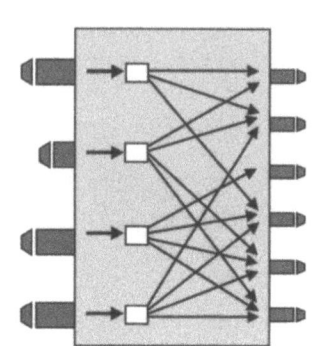

Regionallager	Transit-Terminal
• Wareneingang • Wareneingangskontrolle • Einlagerung • Kommissionieren • Verpacken • Versenden	• Wareneingang • Aufteilung auf Relationen bzw. Kunden • Versand
Lagerbestand: 1-2 Monatsumsätze	*Lagerbestand: 0*

Dieses Verfahren ist besonders dann sinnvoll, wenn Produkte in europäischen Produktionsverbünden gefertigt werden, wobei Economy of Scale realisiert wird und nur noch wenige Produkte an einem Produktionsstandort gefertigt werden. Die Realisierung von Cross Docking setzt damit europäische Logistikverantwortlichkeiten voraus. Diese sollten aber mit einem europäischen Produktionsverbund einhergehen. Ferner bietet sich Cross Docking für großvolumige Güter an, sodass eine Auslastung der Fahrzeuge bei der Anlieferungen an die Plattformen gewährleistet ist. Die Lieferung per Cross Docking ist natürlich nur möglich, wenn Lieferzeiten vorgegeben sind, die den Umschlag erlauben. Mehrere kritische Faktoren sind beim Cross Docking zu beachten:

• die Auslastung der Fahrzeuge, die die Plattformen ver- und entsorgen, muss gegeben sein sowie

- die Taktung und die Koordination des Terminalbetriebs,
- die Qualität und Zuverlässigkeit der Kundeninformation.

1.5 Digital Supply Chain

Es gibt viele Begriffe und noch mehr Definitionen, die den Einfluss des Internets auf die Supply Chain beschreiben, dazu gehören Digital Supply Chain, E-Supply Chain, internetgestützte Supply Chain oder E-Logistics. Keine der technischen Neuerungen eroberte so schnell die Kunden wie das Internet. Während das Radio eine Dauer von 38 Jahren benötigte, um 50 Millionen Nutzer zu erreichen (TV: 13 Jahre, Kabel: 10 Jahre), hat das Internet für seinen Siegeszug nur fünf Jahre benötigt.

Wenn im Folgenden der Begriff „Digital Supply Chain" für den Einfluss des Internets auf die Supply Chain benutzt wird, so ist damit gemeint: „The management of a process involving a *network* of organisations *collaborating* in a *web-enabled* value chain to deliver a *customer value* proposition efficiently and effectively." Drei Elemente sind Kern dieser Definition: die *Zusammenarbeit mehrerer Organisationseinheiten*, der *Webbasierte Informationsaustausch* und Ausrichtung aller Supply Chain-Aktivitäten auf die *effektive und effiziente* Schaffung eines *Mehrwertes für den Kunden*.

Bei der *Zusammenarbeit mehrerer Organisationseinheiten* zeigen sich erst nachhaltige Effekte, wenn mehrere Unternehmen, die an einer Wertschöpfungskette beteiligt sind, kooperieren. Dagegen lassen sich solche Effekte nicht innerhalb eines Unternehmens erzielen. Bereits in der ECR-Diskussion, bei der es zu Beginn der 90er Jahre um die Optimierung der Logistikkette zwischen Konsumgüterhersteller und Einzelhandel ging, lag der Fokus auf der unternehmensübergreifenden Verbesserung.

Zweites Element ist der *Web-basierte Informationsaustausch*. In vielen Branchen, so z. B. in der Konsumgüter- und der Automobilbranche, ist der EDV-gestützte Austausch von Daten heute selbstverständlich. Hierzu wird EDI genutzt.

Die Ausrichtung aller Supply Chain-Aktivitäten auf die effektive und effiziente Schaffung eines Mehrwerts für Kunden bildet das dritte Element. Auch diese Idee wurde im Rahmen von ECR heftig diskutiert. Beispielsweise wurde in diesem Zusammenhang häufig die Frage gestellt, welcher Partner einer Supply Chain am besten eine Tätigkeit, z. B. die Disposition (Stichwort CRP), übernehmen kann.

1.5.1   Veränderte Erwartungen durch das Internet

Die Bedeutung des Internets liegt weniger in der Optimierung einer einzelnen Funktion, wie beispielsweise der Beschaffung beim Einsatz von Web-Katalogen oder den

E-Auctions. Vielmehr liegt die Bedeutung in funktions- und insbesondere unternehmensübergreifenden Anwendungen, wie dem Collaborative Planning.

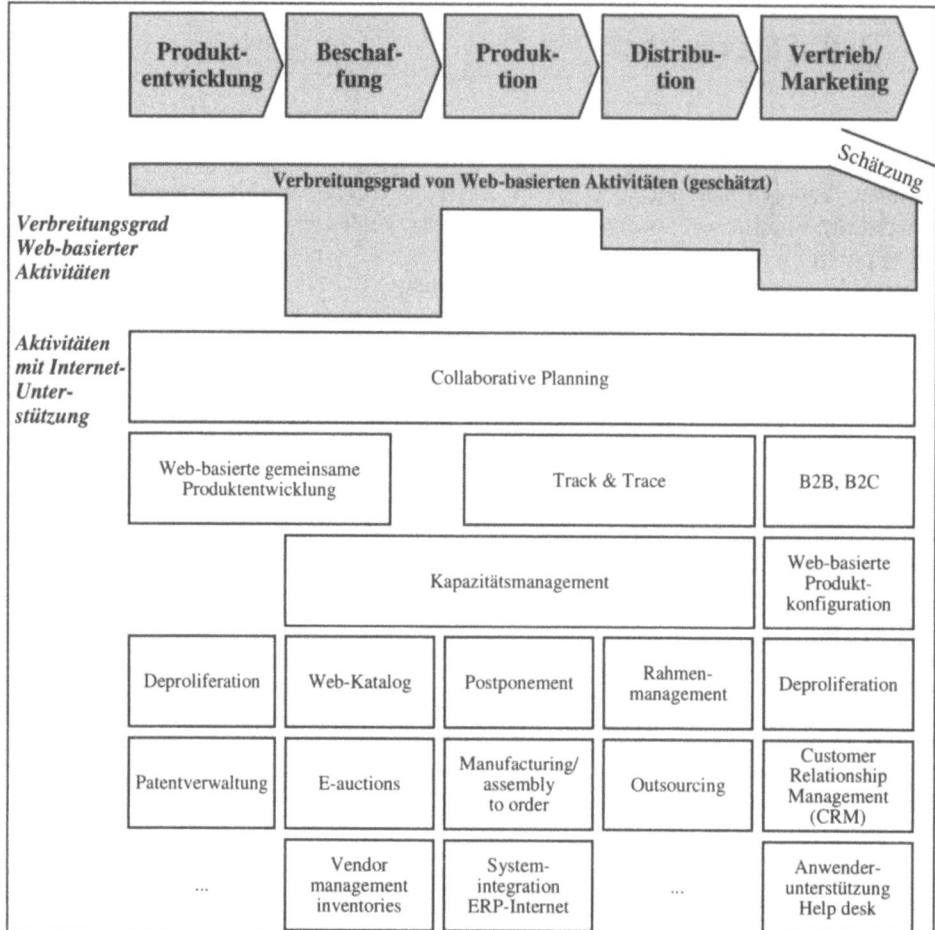

Abbildung 13: Bedeutung des Internets entlang der Supply Chain

Durch das Internet werden Veränderungen besonders bei diesen Aspekten erzielt:

- Bei der Anknüpfung zwischen Unternehmen handelt es sich nicht mehr um 1:1-
  Beziehungen, sondern um n:n-Beziehungen. Das heißt, dass mehrere Lieferanten mit mehreren Kunden, basierend auf einheitlichen Standards, miteinander

Daten austauschen. Der zentrale Effekt liegt hier in deutlich geringeren Kosten für die Einrichtung und Pflege von Schnittstellen, da auf diese einheitlichen Standards zurückgegriffen werden kann.

- Die Investitionskosten sind deutlich geringer, insbesondere wenn auf bestehende Marktplätze zurückgegriffen werden kann. Daher ist es möglich, nicht nur bei Kunden bzw. Lieferanten mit großen Geschäftsvolumen EDV-gestützt Daten auszutauschen. Mit jedem Kunden können Informationen online ausgetauscht werden, darin liegt das Ziel des B2C-Gedankens.

- Die Reduzierung der Kosten für den Datenaustausch steigert den Umfang der Daten, die ausgetauscht werden, deutlich. Zugleich werden sie zeitnäher gesendet.

Besonders bei großen Unternehmen unterstreicht die Veränderung der Lieferantenbasis die Bedeutung und die weitreichenden Auswirkungen, die das Internet mit sich bringt. In der Vergangenheit sah die Lieferantenstruktur eines Unternehmens in etwa wie eine Gaußsche-Kurve aus, in der Schlüssellieferanten, qualifizierte Lieferanten und Commodity-Lieferanten zum Einsatz kamen. Dagegen lässt sich die Entwicklung zu einer E-Business-Lieferantenstruktur voraussagen, in der es zum einen wenige strategische Partner geben wird und zum anderen ein breites Feld an Lieferanten, die nur noch den Status von Marktplatz-Teilnehmern haben.

Während die wenigen strategischen Partner enge Beziehungen zum Unternehmen aufbauen können und man von einer Win-Win-Situation oder sogar von einer gegenseitigen Abhängigkeit sprechen kann, handelt es sich bei den übrigen Marktplatz-Teilnehmern um beliebig austauschbare Dienstleister, deren hauptsächliches Differenzierungskriterium der Preis ist.

Marktplatzprojekte zielen in erster Linie auf die Senkung der Transaktionskosten, zugleich wollen sie aber auch deutlich höhere Markttransparenz und weitere Standardisierung durch Kostenreduzierung realisieren.

Das Internet fördert diese Entwicklung massiv, da es den Charakter der Beziehung zwischen Unternehmen nachhaltig verändert. Während in dem EDI-Zeitalter eine Informationsübertragung, die auf einer Eins-zu-Eins-Beziehung basierte, Standard war, wird mit dem Internet eine Informationsübertragung Vieler mit Vielen Standard werden. Dieses setzt aber gerade eine Standardisierung der Transaktionen wie auch der Leistungen und nicht nur der Produkte voraus, was wiederum eine noch stärkere Fokussierung auf Preis als Differenzierungskriterium bedeutet. Damit werden Lieferanten, und zwar sowohl im produzierenden Gewerbe, aber auch im Dienstleistungsbereich, austauschbarer.

In dem Maße, in dem es zu einer solchen Standardisierung kommt, steigt auch die Bereitschaft, Lieferanten und Dienstleister kurzfristig auszutauschen. Es kommt damit zu einer
Plug & Play-Situation für alle Partner innerhalb der Supply Chain.

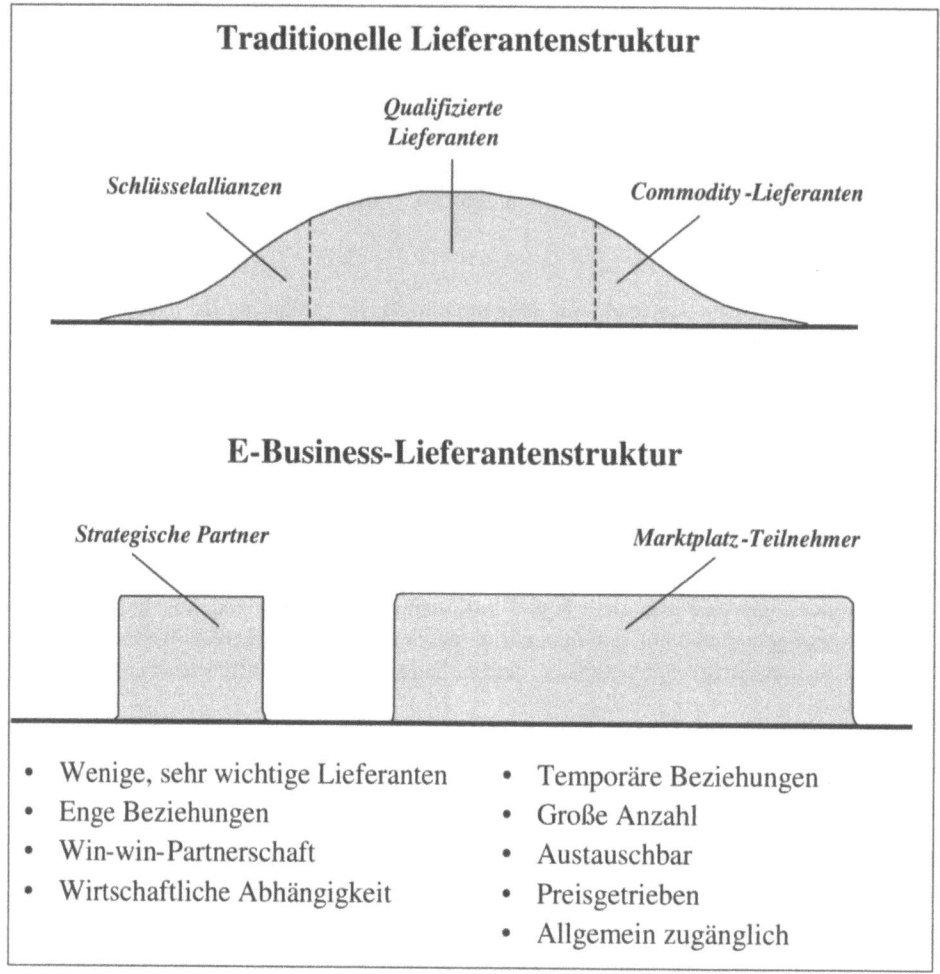

Abbildung 14: Veränderung der Lieferantenstruktur durch das Internet

Die Bereitschaft, Lieferanten und Dienstleister sehr schnell zu wechseln, konnte insbesondere bei New-Economy-Unternehmen in den USA beobachtet werden. Diese Unternehmen haben in vielen Fällen derartige Entwicklungssprünge in sehr kurzen Zeiträumen
durchmachen müssen, sodass robuste 80/20-Lösungen, die schnell lauffähig und schnell
veränderbar waren, die angestrebten Lösungsansätze waren.

Die Erwartungen bezüglich des Internets waren und sind zu Recht sehr hoch. Wie aber bei allen neuen Technologien ist es so, dass die Wirklichkeit die hochgesteckten Erwartungen relativiert. Insbesondere im Bereich des B2C-Geschäfts, des Geschäfts mit dem Endkunden, hat eine relativ hohe Ernüchterung Platz eingesetzt.

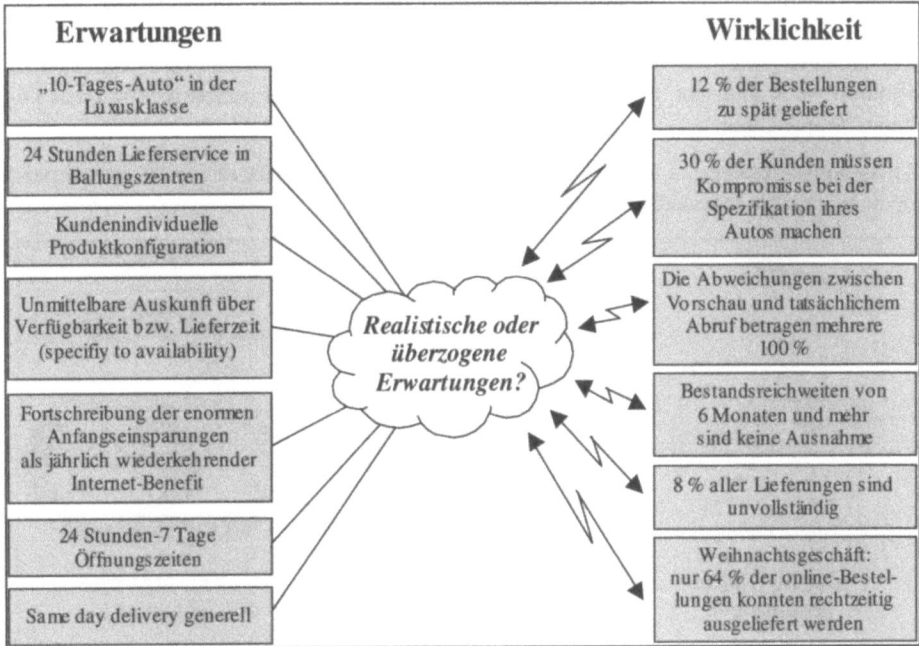

Abbildung 15: Erwartungen und Wirklichkeit des Internets

Die Erfahrung zeigt, dass viele Probleme des B2C-Geschäfts sich aus der hohen Komplexität der Distribution ergeben. Das Internet hat die Möglichkeit eröffnet, sehr bequem den Endkunden anzusprechen. Unternehmen der New-, aber auch der Old-Economy haben viel Lehrgeld zahlen müssen, als sie sich mit den Besonderheiten der Endkunden oder Kleinkundenbelieferung mit im Extremfall kundenspezifischen Produkten auseinander setzen mussten.

Neben den KEP-Dienstleistern, den Versandhäusern und Großhändlern waren nur wenige Unternehmen bis dahin auf die Belieferung von End- und Kleinkunden ausgerichtet.

1.5.2   Die Verbindungen zwischen der Digital Supply Chain und Distributionsnetzwerken

Es stellt sich eine Vielzahl von Fragen im Zusammenhang von Digital Supply Chain und Distributionsnetzwerken. Welche Auswirkungen hat die Digital Supply Chain auf die Struktur eines europäischen Distributionsnetzwerkes und auf das Vorhaben, ein Netzwerk zu entwickeln bzw. zu implementieren? Welche Punkte werden durch das Internet verändert? Was sind nun die Besonderheiten eines Distributionsnetzwerkes in einer Digitalen Supply Chain?

Distributionsnetzwerke in einer Digitalen Supply Chain unterscheiden sich grundlegend von denen in einer klassischen Lieferkette.

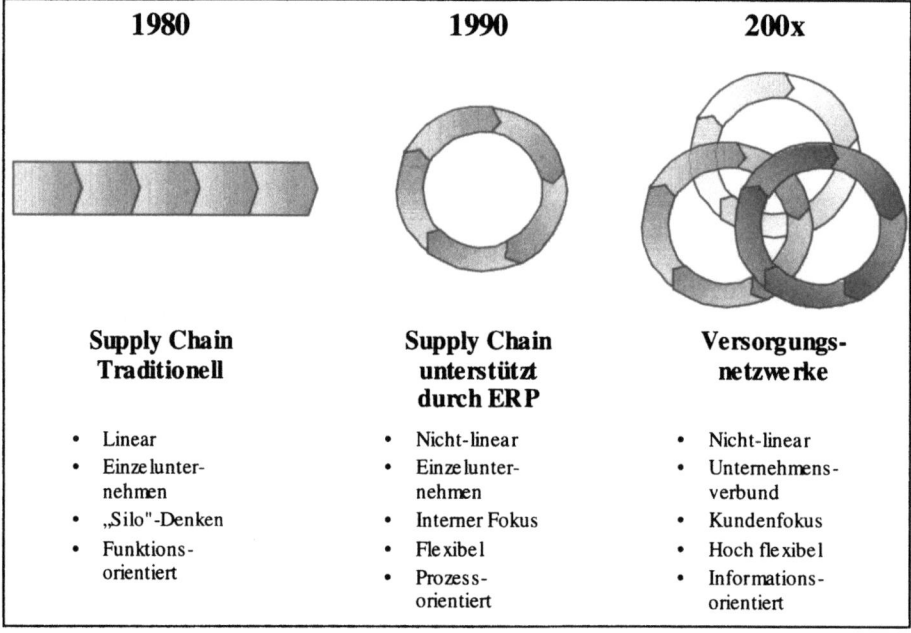

1980	1990	200x
Supply Chain Traditionell	**Supply Chain unterstützt durch ERP**	**Versorgungs-netzwerke**
• Linear • Einzelunter-nehmen • „Silo"-Denken • Funktions-orientiert	• Nicht-linear • Einzelunter-nehmen • Interner Fokus • Flexibel • Prozess-orientiert	• Nicht-linear • Unternehmens-verbund • Kundenfokus • Hoch flexibel • Informations-orientiert

Abbildung 16: Entwicklung der Supply Chain

Die Distributionslogistik in einer klassischen Lieferkette war stark auf einzelne Unternehmen ausgerichtet. Bei der Planung klassischer Distributionsnetzwerke stand insbesondere der Güterfluss zwischen einem produzierenden Unternehmen und seinen Kunden, z. B. einem Händler oder Großhändler, im Vordergrund. Dieser sehr lineare Ansatz war durch ausgeprägtes Silo- und funktionales Denken gekennzeichnet.

In den 90er Jahren wechselte der Fokus auf die Optimierung von Prozess- und Lieferketten. Hierbei handelte es sich aber immer noch um die Optimierung zwischen einzelnen

Unternehmen in einer logistischen Kette. Die Bedeutung der Flexibilität trat immer mehr in den Vordergrund, was sich in der erheblichen Zunahme der Fremdvergabe von Lagern niederschlug.

In dem ersten Jahrzehnt dieses Jahrhunderts werden branchen- und einzelunternehmensübergreifende Lösungen deutlich an Bedeutung gewinnen. Der Ansatz wird auf Versorgungsnetzwerken liegen, die hoch flexibel und informationsorientiert sind. Ausgangspunkt dieser Distributionsnetzwerke werden elektronischen Plattformen sein, was auch die Informationsorientierung der Digitalen Supply Chain veranschaulicht. Hier ist beispielsweise die Worldwide Retail Exchange zu nennen, die 59 Mitglieder aus Handel und Konsumgüterindustrie mit einem jährlichen Umsatz von mehr als 845 Mrd. US-Dollar auf einer elektronischen B2B-Plattform bündelt.

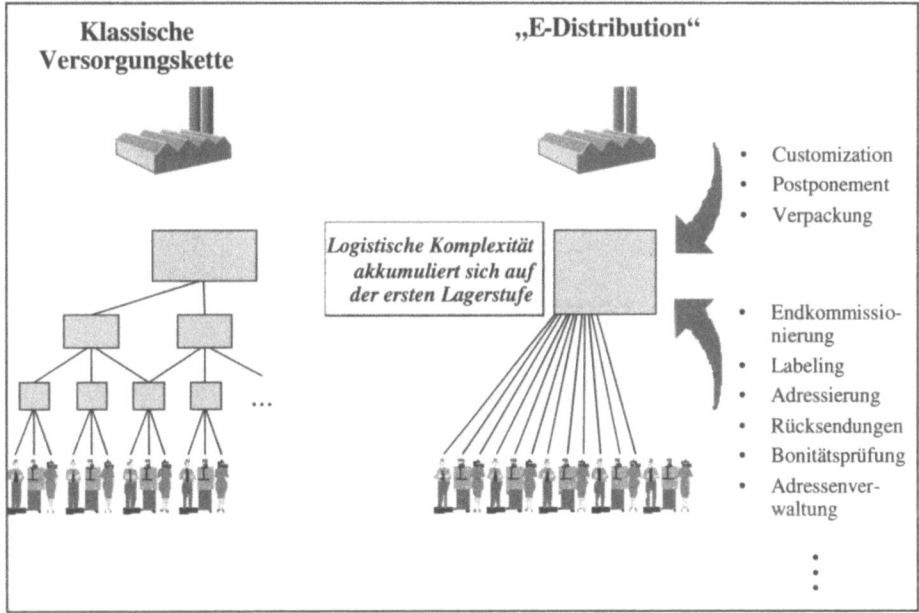

Abbildung 17: Klassische Versorgungskette versus E-Distribution

Damit steht der Kundenfokus, bezogen auf den Endkunden, deutlich stärker im Zentrum der Betrachtungen.

Auf der Seite des Materialflusses und damit der physischen Distribution bedeutet diese Entwicklung, dass wichtige Elemente der Wertschöpfung, die heute vorwiegend in der Nähe der Produktion angesiedelt sind, deutlich weiter Richtung Kunden verlagert werden.

Tätigkeiten, wie das Auszeichnen der Ware mit Preisen oder eine Endkommissionierung, erfolgen in einer klassischen Versorgungskette dagegen auf späteren Stufen eines Distributionsnetzwerkes. In der Digitalen Supply Chain wird sich jedoch eine Entwicklung durchsetzen, die im Bereich der physischen Distribution durch zwei Charakteristika geprägt ist. Zum einen wird die Anzahl der Distributionsstufen von der Produktion zum Endkunden noch weiter reduziert, zum anderen werden Tätigkeiten, die heute über mehrere Stufen eines Distributionsnetzwerkes verteilt sind, in einer Stufe gebündelt. Tätigkeiten wie Customization, Postponement oder das Verpacken werden damit deutlich weiter in der logistischen Kette Richtung Endkunden verlagert und damit mit Tätigkeiten wie beispielsweise der Endkommissionierung, dem Labeling oder der Adressierung zusammengebracht.

Damit akkumuliert sich in einer Digitalen Supply Chain die Komplexität in einer einzigen Lagerstufe. Verstärkt wird dieser Trend noch dadurch, dass bei unternehmensübergreifenden Lösungen zusätzlicher Koordinationsaufwand entsteht.

Die Ansätze werden aber über die Optimierung der Logistik zwischen zwei Unternehmen hinausgehen und ganze logistische Ketten stärker in den Mittelpunkt rücken. So ist jetzt schon in der Automobilindustrie zu beobachten, dass OEMs sich zunehmend für die Transporte der Tier-2-Lieferanten zu den Tier-1-Lieferanten interessieren. Das heißt, dass Automobilhersteller ihre Einkaufsmacht bei Transporten nicht nur für die Transporte zwischen ihnen und ihren Lieferanten einsetzen wollen, sondern auch auf die Transporte in weiter vorgelagerten Teilen der logistischen Kette, um die Gesamtkosten ihrer Produkte weiter zu reduzieren.

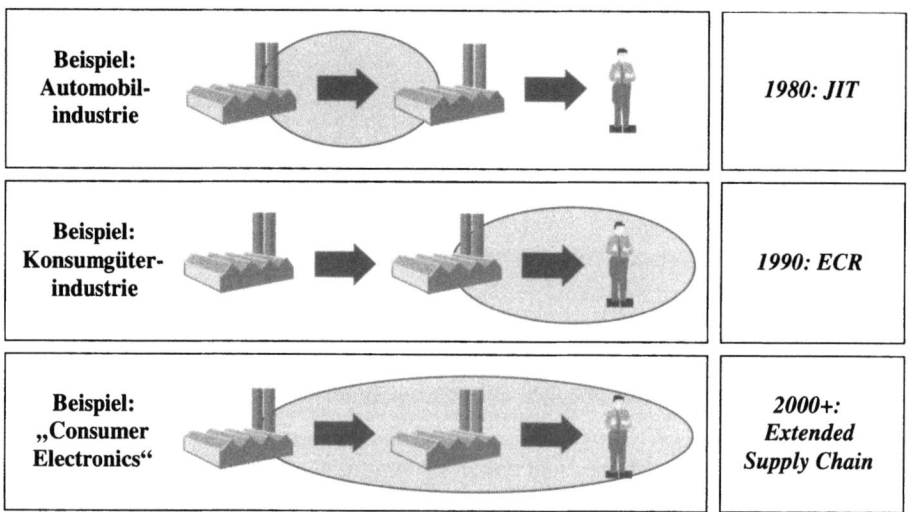

Abbildung 18: Verlagerung des Fokus der Supply Chain

Der Ansatz der umfassenden Betrachtung der Supply Chain als eine Lieferkette bezieht sich aber vor allem auf die Schaffung von Transparenz für alle Beteiligten einer Lieferkette. So wird der Lieferant des Lieferanten mehr Informationen über vorliegende Kundenbestellungen und das Forecasting erhalten, während weiter in der Kette vorgelagerte Unternehmen eine höhere Transparenz über Bestände und verfügbare Produktionskapazitäten erhalten werden.

Federführend in den Entwicklungen werden wieder die Branchen sein, in denen ein Element der Kette die gesamte Lieferkette dominiert, wie beispielsweise in der Automobilindustrie und die durch diese Stellung Veränderungen einfach allen Unternehmen aufzwingen können. Aber auch in den Märkten, in denen eher ein kooperativer Ansatz zur allgemeinen Unternehmenskultur gehört, wie beispielsweise in Skandinavien, werden die unternehmensübergreifenden Ansätze schneller umgesetzt.

Distributionsnetzwerke der Zukunft werden sich auch dadurch auszeichnen, dass der Anteil der Fremdvergabe noch weiter steigt. Hierfür gibt es folgende Gründe:

- Die Strukturunterschiede zwischen den klassischen Versorgungsketten und den Web-basierten sind in Netzwerken erheblich.
- Es ist sehr schwierig und teuer, klassische Distributionsmodelle und E-basierte Modelle parallel und mit dem gleichen Equipment zu betreiben.
- Die Prognose ist unsicher, wie schnell sich Web-basierte Versorgungsaktivitäten verbreiten werden, und in welchem Ausmaß sie klassische Versorgungsmodelle ersetzen werden.
- Es ist deutlich günstiger, seine Assets auf Kernkompetenzen zu fokussieren und alle Versorgungskosten so weit wie möglich zu variabilisieren.
- Es gibt leistungsfähige Dienstleister, die sich auf E-Supply fokussiert haben, aber auch einen Parallelbetrieb von klassischen und Web-basierten Betrieb mit hoher Produktivität entwickeln können.

1.5.3   Auswirkungen auf die Struktur bestehender europäischer Distributionsnetzwerke

Europäische Distributionsnetzwerke müssen in der Digital Supply Chain wie auch schon in der Zeit, bevor das Internet Grundlage für den Informationsaustausch geworden war, noch immer vor allem die Kundenanforderungen erfüllen. Die Kernanforderungen an ein europäisches Distributionsnetzwerk bleiben gleich und auch die Fragen, die zur Gestaltung eines europäischen Distributionsnetzwerkes geklärt werden müssen, sind identisch. Aber die Antworten und damit auch die Distributionsstrukturen sind allerdings besonders im B2C-Geschäft verändert.

Ausgangspunkt für alle Überlegungen bilden noch immer die Kundenanforderungen. Das Netzwerk muss die Kundenanforderungen zu möglichst optimalen Kosten und geringer Kapitalbindung erfüllen. Es muss sich an Veränderungen schnell anpassen lassen. Informationen sollen gezielt und umfassend genutzt werden, um die o. g. Punkte zu erfüllen.

Netzwerke für die Distribution in einer Digital Supply Chain sehen teilweise völlig anders aus. Der Grund ist vergleichsweise einfach. Die Kundenanforderungen und zentrale andere Parameter sind signifikant anders als in konventionellen Lieferketten. Zentrale Unterschiede, die sich insbesondere im Bereich B2C finden lassen, sind folgende:

Das Internet hat, wenn Endverbraucher direkt angesprochen werden, erhebliche Auswirkungen auf die Sendungsstruktur von Unternehmen. Wenn ein Unternehmen neu in das B2C-Geschäft und damit in den Paketversand einsteigt, dann bedeutet das eine erhebliche Umstellung für die Logistik, wenn diese bisher nur Stückgut oder Ladungsverkehr gewohnt war. Dies ist ein Aspekt, den die meisten Unternehmen direkt als Auswirkung auf ihre Logistik und damit auch auf das Distributionsnetzwerk wahrnehmen.

Seltener wird dagegen gesehen, dass die Kontinuität des Bedarfs im B2C-getriebenen Umfeld nicht vergleichbar ist mit dem B2B-Geschäft. Spitzen zeigen sich nicht nur über den Monatsverlauf, sondern in vielen Fällen auch unter der Woche. Das ist nicht überraschend, da Internetnutzer ein ähnliches Bestellverhalten besitzen. Umsatzspitzen, die bei Saisonware, Schulbüchern oder Promotionsartikeln im Einzelhandel bereits erhebliche Herausforderungen an die Gestaltung des Netzwerkes und seine Flexibilität gestellt haben, sind in diesem Bereich noch deutlicher ausgeprägt. Das bedeutet, dass die entwickelten Systeme noch flexibler sein müssen bzw. dass die Mischung mit einem Geschäft, das einen soliden Grundsockel ermöglicht, von zentraler Bedeutung ist.

Ferner zeigt sich, dass die Sortimente explodieren, obwohl Unternehmen ihr Produktsortiment eigentlich verschlanken wollen. Untersuchungen der Deckungsbeiträge pro Produkt zeigten, dass in vielen Fällen 20 Prozent der Produktpalette eines Unternehmens praktisch den gesamten Gewinn ausmachen. Es hat sich bei der Gestaltung eines Internetauftrittes jedoch herausgestellt, dass potentielle Kunden weniger an den Produkten einer bestimmten Marke interessiert sind als vielmehr an bestimmten Themengebieten. Der potentielle Kunde, der sich im Internet bewegt, möchte sich eher über das Thema Grillen informieren und alle wichtigen Produkte hierzu auf einer Seite finden, anstatt sich bei zehn Herstellern über Grills, Schürzen, Kohle oder Fleisch Informationen im Netz zu holen. Dieses Verhalten birgt die vielfach auftretende Gefahr in sich, dass Unternehmen, die allein diesen Weg beschreiten, ihren Produktkatalog eher erweitern als verschlanken. Verschlankung wäre aber in den meisten Fällen betriebswirtschaftlich und insbesondere logistisch geboten. Besser positioniert sind in diesem Zusammenhang Großhändler, die den Umgang mit breiten Sortimenten und kleinen Sendungsgrößen gewohnt sind.

1.5.4   Auswirkungen auf die digitale Neugestaltung europäischer Distributionsnetzwerke

Distributionsnetzwerke müssen in der Zukunft vor allem eines, nämlich flexibel sein. Daraus folgt, dass Unternehmen einen Anpassungsbedarf zum einen schnell genug erkennen, und zum anderen zügig auf diesen Bedarf reagieren müssen, ohne dass große

Investitionen anfallen. Diese Gestaltung eines flexiblen Distributionsnetzwerkes hat sowohl Auswirkungen auf die Betreibermodelle als auch auf die organisatorische Einbindung der Logistik in das Unternehmen. Die konsequente Fremdvergabe aller Distributionslager ist ein zentraler Erfolgsfaktor, um die Flexibilität eines Distributionsnetzwerkes zu steigern. Fremdvergabe erhöht nicht nur die Flexibilität, sondern hilft auch, Investitionen zu vermeiden.

Transparenz ist eine wesentliche Voraussetzung für Flexibilität, deshalb befassen sich führende Unternehmen intensiv mit der Frage, wie sie „Online" die Produktionskapazitäten ihrer Lieferanten überblicken können. Dabei beruht Transparenz nicht nur auf effizienten EDV-Systemen, sondern auch in ganz erheblichem Umfang auf verbindlichen Standards innerhalb eines Unternehmens. So müssen Unternehmen, um ihre länderübergreifenden Abläufe und Strukturen optimieren zu können, über transparente logistische Grunddaten verfügen.

Die steigenden Anforderungen an die Flexibilisierung hat auch Auswirkungen auf die Logistikorganisation. Nationale Logistikstrukturen verhindern ein flexibles Eingehen auf Veränderungen, seien diese nun Folge einer Akquisition oder einer Veränderung beim internationalen Kunden. In solchen Fällen entsteht das Erfordernis, logistische Themen überregional anzugehen: Internationale Logistikeinheiten werden unabdingbar.

Unternehmen müssen einige Kernkompetenzen im Bereich der Logistik besonders entwickeln:

- Strategische Logistikplanung
- Logistikcontrolling
- Aktives Managen von Logistikketten
- Einkauf von Logistikleistungen
- Wechsel von Logistikdienstleistern
- Optimierung von Logistikketten mit Kunden und Lieferanten

Wettbewerbsvorteile werden besonders durch die strategische Nutzung von Informationen und die Schaffung von Transparenz entlang der gesamten Supply Chain erreicht.

Die Frage, welche technische Lösung hierzu verwendet wird, spielt dabei eine eher untergeordnete Rolle. Bei Unternehmen, die bereits über EDI-Verbindungen verfügen, wird das Internet erst dann Effekte zeigen, wenn einheitliche Branchenstandards geschaffen worden sind, sodass die Verknüpfung einzelner Unternehmen sehr viel schneller und kostengünstiger durchgeführt werden kann.

Für die Gestaltung eines europäischen Distributionsnetzwerkes haben die digitalen Veränderungen erhebliche Auswirkungen. Die Einführung des digitalen Standards stellt aber keinen direkten Einflussfaktor für die Gestaltung eines Distributionsnetzwerkes dar.

E-Business – und in diesem Falle die Digital Supply Chain – zwingt zum Handeln, weil mehr Transparenz geschaffen wird und Missstände für alle sichtbar gemacht werden. Auch in diesem Bereich sind die Erfolgsfaktoren allgemein bekannt und keineswegs überraschend: Flexibilität, Reagibilität und wettbewerbsfähige Kosten. Ein Prozess, der heute nicht gut abläuft, wird es auch zukünftig Web-unterstützt tun. Auch wenn sich im Zeitalter von E-Business eine Reihe von Veränderungen durchsetzen werden, so bedeutet Supply Chain Management auch zukünftig nur 5 Prozent digitale Anteile und weiterhin 95 Prozent klassische „Supply Chain".

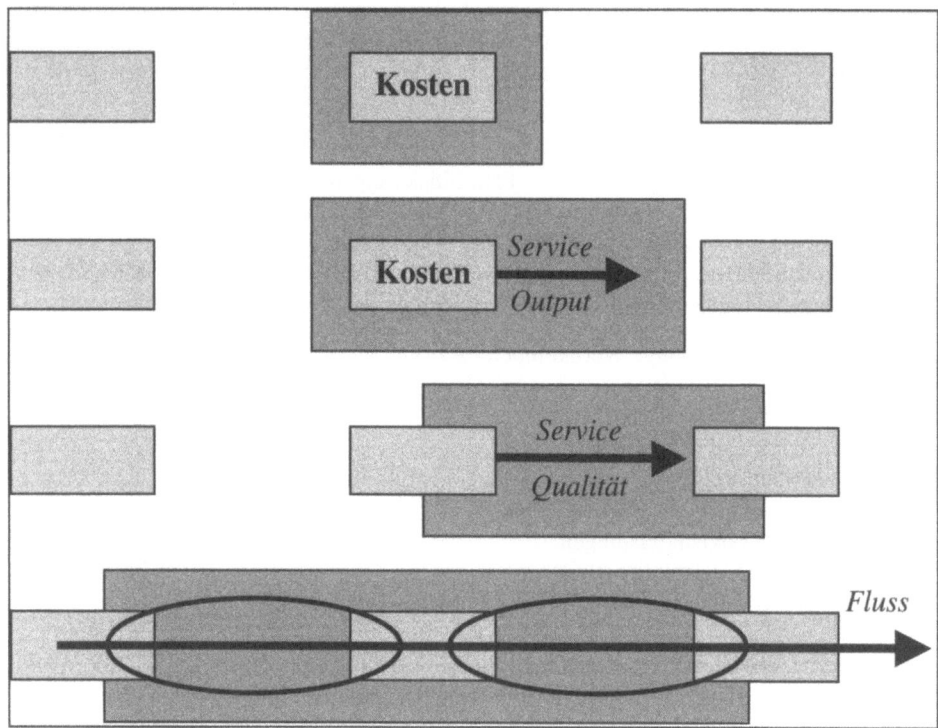

Abbildung 19: Entwicklung der Supply Chain-Zielsetzungen (Quelle: ELA-Studie)

2. Neugestaltung von Distributionsnetzwerken

„Den Fortschritt verdanken wir den Nörglern.
Zufriedene Menschen wünschen keine Veränderungen."

Herbert George Wells

2.1 Zentrale Einflussfaktoren für die Neugestaltung von Distributionsnetzwerken

Die Neugestaltung eines Netzwerkes wird nachhaltig von strategischen, betriebswirtschaftlichen und rechtlichen Rahmenbedingungen geprägt. Deshalb ist es nicht richtig, dass in vielen Fällen die Neugestaltung von Distributionsnetzwerken als ein rein mathematisches Problem, eine Fragestellung von Operation Research, gesehen wird. Daher kann eine mathematische Optimierung, ausgehend von Entfernungen, Transportkosten und ähnlichen wichtigen Parametern, nur der zweite Schritt sein.

Zu den Grundsätzen, die bei der Neugestaltung von Netzwerken zum Tragen kommen, zählen neben *Flexibilität*, über die bereits gesprochen wurde, *Zentralisierung*, *Differenzierung* und *Standardisierung*.

Der Grad der *Zentralisierung* eines Netzwerkes hat erheblichen Einfluss auf zwei Aspekte: den Bestand, inklusive der damit verbundenen Bestandshöhen und den Service eines Unternehmens. Weit verbreitet ist die Meinung, dass höhere Bestände positiven Einfluss auf den Service haben. Erfahrungswerte zeigen dagegen, dass höhere Bestände, im Vergleich zu anderen Unternehmen aus der Branche, meistens ein erster Indikator für schlechten Kundenservice sind. Durch einen hohen Bestand werden häufig Prozessschwächen abgedeckt, und er resultiert aus unzureichenden Planungsprozessen oder auch aus dezentralen Lagerstrukturen.

Bei Unternehmen, deren Lieferservice durch Produktionsengpässe gefährdet ist, besteht in den Regionalorganisationen das Bestreben, Bestände in den eigenen Verantwortungs- und Machtbereich zu bekommen. Dies geschieht in der Annahme, dass dadurch der Lieferservice in der eigenen Region abgesichert werden könnte und entsprechende, oft an Umsatz- und Servicezahlen gebundene Zielvorgaben (und damit verbundene Anreize) erreicht werden könnten. Die Folge ist eine weitere Gefährdung des Gesamtservices eines Unternehmens, da die Produkte zum Bedarfszeitpunkt häufig nicht im richtigen Regionallager vorhanden sind.

Einen weiteren Grundsatz stellt die *Differenzierung* dar. Europäische Distributionsnetzwerke werden immer dann besonders teuer und aufwendig in der Unterhaltung sowie anfällig für Störungen, wenn für alle Produkte, alle Kundengruppen, alle Regionen genau die gleichen Standards und gleichen Serviceversprechungen gegenüber dem Markt realisiert werden sollen.

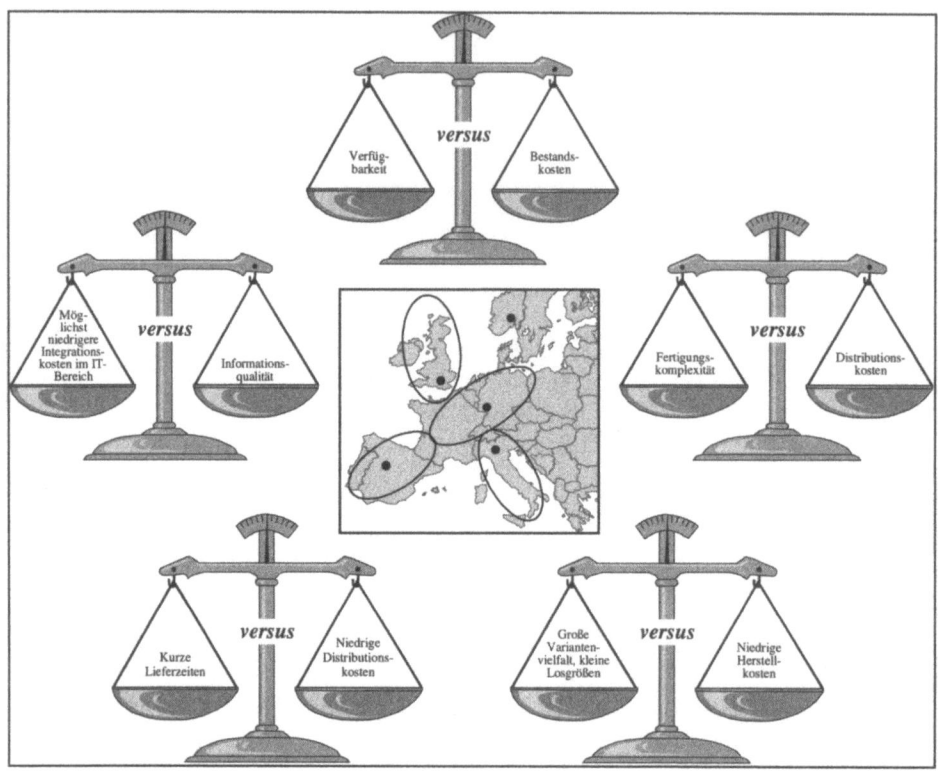

Abbildung 20: Zielkonflikte bei der Entwicklung eines europäischen Distributionsnetzwerkes

Besonders wichtig im Hinblick auf die Differenzierung ist deshalb die Frage, ob Kunden, Regionen und Artikel in ihren Versprechungen gegenüber dem Markt gleich behandelt werden müssen. Es ist heute beispielsweise üblich, in Zentraleuropa dem Markt Lieferzeiten von 24 Stunden anzubieten und zu realisieren, während in Teilen Südeuropas bewusst Serviceversprechen nicht unter 48 oder 72 Stunden gegeben werden.

Das heißt, eine solche regionale Differenzierung ist heute bereits der Normalfall. Eine Differenzierung nach Produkten stellt dagegen in vielen Fällen noch eher die Ausnahme dar und wird hauptsächlich bei Ersatzteilen angewandt.

Ferner spielt die Standardisierung der Elemente eines Distributionsnetzwerkes eine immer größere Rolle. Sowohl im Vorgehen als auch in der Ausgestaltung sind bewusst Standards zu verwenden.

Zusätzlich zu den Grundsätzen müssen eine Reihe zentraler Einflussfaktoren bei der Gestaltung europäischer Distributionsnetzwerke berücksichtigt werden, wie beispielsweise *Kundenstruktur, Lieferzeit* und *Serviceversprechen*. Sie sind die Ausgangspunkte, und häufig auch Gegenstand für Zielkonflikte in der Gestaltung solcher Netzwerke und werden nachfolgend weiter vertieft.

2.1.1 Kundenstruktur als zentraler Einflussfaktor

Kunden und ihre Anforderungen sind der vorrangige Einflussfaktor für die Gestaltung eines Distributionsnetzwerkes. Unternehmen sind häufig auf eine Kundengruppe besonders logistisch ausgerichtet, obwohl sie in Wirklichkeit ein viel breiteres Kundenspektrum beliefern. In der Konsumgüterindustrie ist beispielsweise der Einzelhandel die dominante Kundengruppe, obwohl auch Gaststätten beliefert werden. Die logistischen Anforderungen des Einzelhandels unterscheiden sich aber deutlich von denen der Gaststätten. Daher ist eine Untersuchung der Kundengruppen der erste Schritt bei der Neugestaltung eines Distributionsnetzwerkes. Die Clusterung der Gruppen hat dabei nach logistischen Kriterien zu erfolgen, die deutlich von Vertriebskriterien abweichen können.

Das Entscheidende bei der Untersuchung der Kundenstruktur ist die Gruppierung derjenigen, die über gleiche oder zumindest ähnliche logistische Anforderungen verfügen. Hierbei zeigt sich, dass Unternehmen oft 80 Prozent oder mehr ihres Kundenabsatzes mit einer sehr guten Logistikinfrastruktur bedienen, dass aber ein immer noch erheblicher Teil des Absatzes mit einer Logistik realisiert werden muss, die nicht auf die besonderen Anforderungen der verbleibenden Kundengruppen ausgerichtet ist.

Das wichtigste Kriterium bei der Entwicklung logistischer Kundengruppen sind Lieferzeitanforderungen, die daher im nachfolgenden Kapitel gesondert behandelt werden. Weitere wichtige Aspekte für die Gestaltung eines Distributionsnetzwerkes in diesem Zusammenhang sind:

- Regionale Verteilung
- Bestellverhalten und -volumen
- Gestaltung der Anlieferpunkte
- Serviceanforderungen

Die Ermittlung der regionalen Verteilung von Kundengruppen ist auf dem ersten Blick einfach. Alle Unternehmen haben eine genaue Verteilung ihres Umsatzes nach Kunden und die genauen Rechnungsadressen ihrer Kunden im Vertrieb. Bei der Logistik kommt es nicht auf den Umsatz, sondern den Absatz der Waren eines Unternehmens an. Eine Schwierigkeit liegt auch darin, dass Rechnungsanschriften und tatsächliche Anlieferpunkte nicht zusammenfallen.

Bei der regionalen Verteilung ist aber entscheidend, die tatsächlichen Materialflüsse zu den Kunden zu ermitteln.

- Wichtig ist bei einem mehrstufigen System stets, eine einheitliche Größe für den Materialfluss zu wählen, wie z. B. Gewicht oder Volumen. Ansonsten lässt sich die Vollständigkeit und Richtigkeit der Daten nicht überprüfen.

- Auch das Bestellverhalten und das Bestellvolumen sind von besonderem Interesse. Dabei muss bekannt sein, wie regelmäßig Kunden beliefert und welche Transportmittel eingesetzt werden. Handelt es sich um Kunden, die Full-Truck-Load-Lieferungen (komplett beladene LKWs) erhalten oder sind es Kunden, denen unregelmäßig Pakete zugestellt werden.

- Die Anlieferpunkte beim Kunden sind ebenfalls zu untersuchen. Handelt es sich bei den zu beliefernden Kunden um Privatkunden oder um einen professionellen Wareneingang eines Unternehmens? Selbst bei Geschäftskunden ist die professionelle Gestaltung der Wareneingangslogistik extrem unterschiedlich.

So weisen beispielsweise Krankenhäuser einen erheblichen Warendurchsatz auf, um den laufenden Betrieb zu gewährleisten. Sie verfügen aber in vielen Fällen über keinen mit einem Industrie-Unternehmen vergleichbaren Wareneingang. Hier ist noch die Anlieferung zur Krankenstation notwendig. Aber auch einfache Hindernisse, wie z. B. eine niedrige Tordurchfahrt, haben schon manche Direktbelieferung unmöglich gemacht und die Belieferung über einen lokalen Umschlagspunkt erzwungen, an dem auf einen kleineren LKW umgeladen werden musste. Von zunehmender Bedeutung wird auch die Frage nach Gleisanschlüssen sein.

2.1.2   Lieferzeit- und Serviceversprechen

Die vom Markt und damit von den Kunden geforderten und vom Unternehmen realisierten Lieferzeit- und Serviceversprechungen sind der wichtigste Einflussfaktor und zugleich Treiber für die Gestalt eines europäischen Distributionsnetzwerkes.

Ein Netzwerk, das für eine Lieferzeit von 72 Stunden ausgelegt ist, sieht selbstverständlich völlig anders aus, als ein Netzwerk, dem ein Lieferversprechen von zwei Stunden zu Grunde liegt, wie wir es teilweise bei Computerersatzteilen finden.

Immer dann, wenn Forderungen nach extremer Geschwindigkeit oder nach einem einheitlichen Lieferservice in ganz Europa gestellt werden, sind diese sehr kritisch zu prüfen. Beide Forderungen, die in Gesprächen mit vertriebsorientierten Mitarbeitern sehr häufig gestellt werden, sind erhebliche Kostentreiber für die Gestaltung eines europäischen Distributionsnetzwerkes.

Gespräche mit Kunden ergeben häufig, dass ihnen Zuverlässigkeit in Sachen Pünktlichkeit und Lieferfähigkeit sehr viel wichtiger ist als die reine Geschwindigkeit. Unternehmen sollten sich deshalb genau überlegen, ob sie sich über die reine Liefergeschwindigkeit gegenüber dem Wettbewerb differenzieren möchten. Andere, für den Kunden
bedeutsame logistische Differenzierungsfaktoren sind beispielsweise die Lieferfähigkeit,
die Flexibilität oder die Übernahme von bestimmten Servicefunktionen. Kein anderer
Faktor ist mit solchen Kosten und Gefahren für den Lieferservice verbunden wie die
Liefergeschwindigkeit.

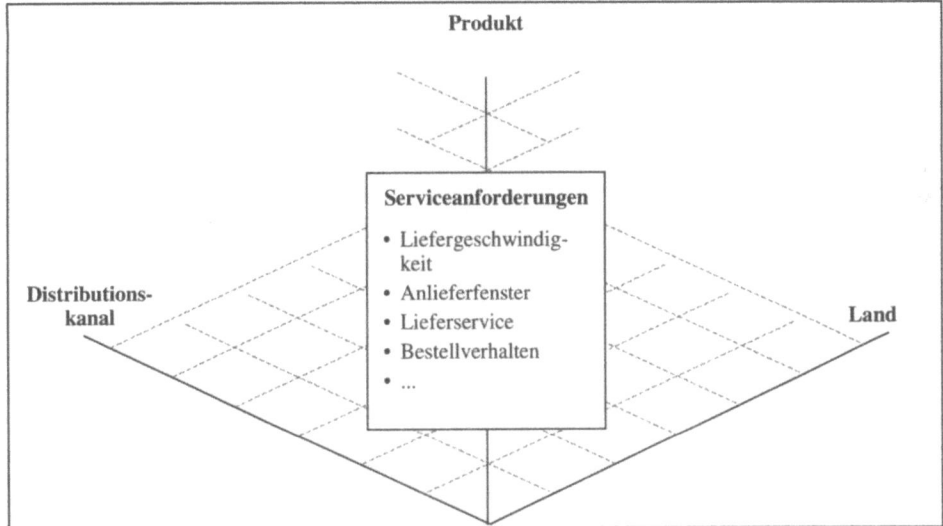

Abbildung 21: Kriterien zur Clusterung von Lieferserviceanforderungen

Selbst beim B2C-Geschäft, also dem Geschäft mit dem Endkunden, werden sich die
Unternehmen durchsetzen, die pünktliche Lieferungen zu bestimmten Zeitpunkten ermöglichen und nicht diejenigen, die rein auf Geschwindigkeit setzen. Jeder weiß, wie
unangenehm es ist, wenn man auf eine wichtige Lieferung wartet, ohne zu wissen, wann
sie genau eintrifft. Nicht umsonst gibt es Versuche mit Abholboxen in großen Bürohäu-
sern oder U-Bahnstationen, bei denen über das Internet Ware bestellt wird, die man dann
abends dort abholen kann. Darin liegt auch eine große Chance für alle Unternehmen, die
flächendeckende Verkaufspunkte mit 24 Stunden Öffnungszeiten haben. Das beste Beispiel sind Tankstellen. Sie sind die perfekten Abholpunkte für Ware, die über Internet,
Katalog oder Telefon bestellt worden sind.

Neben der Geschwindigkeit sind alle Forderungen nach einheitlichen Serviceversprechen
zu prüfen, die ebenfalls gerne gestellt werden, ohne dass die Auswirkungen auf die Kosten und ggf. auch auf den Lieferservice in ihrem Umfang klar werden. Es gibt zum einen

ein typisches Nord-Süd-Gefälle bei den Lieferzeitanforderungen. Die Lieferzeitanforderungen der Kunden im Süden Europas sind in der Regel heute noch deutlich geringer als in Nordeuropa.

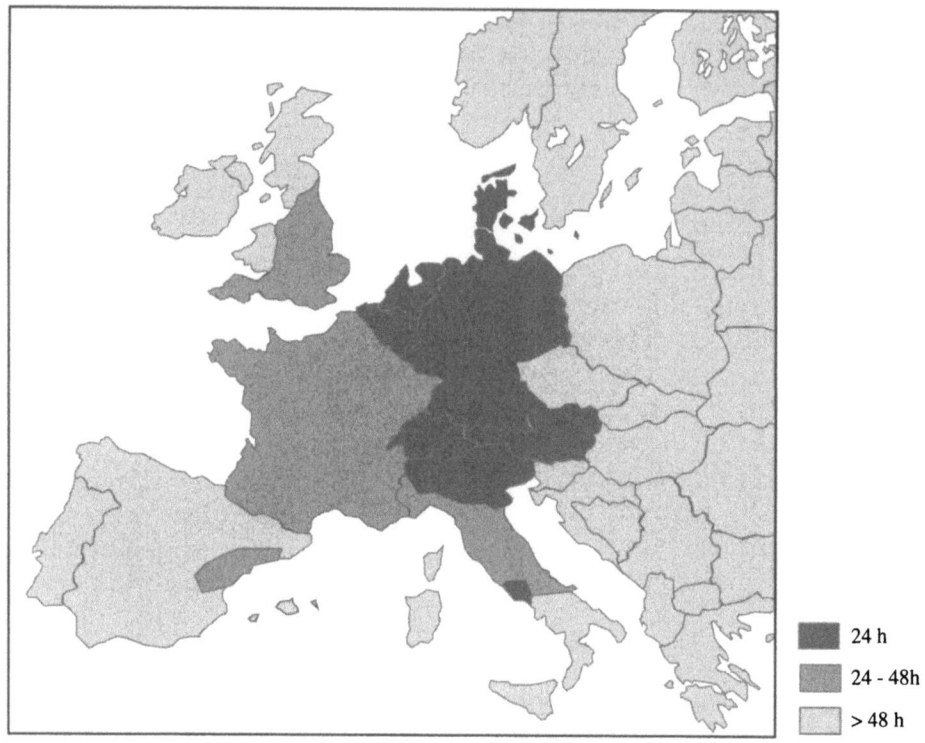

Abbildung 22: Lieferzeitanforderungen in Europa (Beispiel)

Alle Möglichkeiten, Lieferserviceversprechungen differenziert zu gestalten, so u. a. nach Regionen, Ballungsräumen und ländlichen Gebieten, erlauben erhebliche Ansätze für Kosteneinsparungen und ebenso für die Erhöhung des Lieferservice.

Oft wird in diesem Zusammenhang die Möglichkeit der Differenzierung nach Produkten unterschätzt. Wenn ein Unternehmen einen Katalog bereitstellt, so ist es problematischer, die geringere wirtschaftliche Bedeutung einzelner Regionen über höhere Lieferzeiten zu dokumentieren, während eine differenzierte Lieferzeit nach Produktgruppen in diesem Zusammenhang als weniger kritisch zu sehen ist.

Hilfreich bei allen diesen Überlegungen kann die 80/20-Regel sein.

2.2 Ursachen für die Neugestaltung von Netzwerken

Typische Ursachen für die Neugestaltung von Netzwerken sind:

- Akquisitionen und Markteintritte
- Der Trend zu europäischen Produktionsstrukturen
- Veränderung der Transportkosten
- Veränderungen der Absatz- oder Artikelstruktur

2.2.1 Akquisitionen und Markteintritte

Eine zunehmende Herausforderung an die Gestaltung europäischer Distributionsnetzwerke ist die steigende Akquisitionstätigkeit von Unternehmen. In der Vergangenheit konnte ein Distributionsnetzwerk ausgehend von einer klar gegebenen Unternehmens- und Kundensituation gestaltet werden. Die Ausgangssituation wurde erhoben und zentrale Eckdaten, z. B. die Entwicklung der Auftragszeilen und Materialflüsse, wurden auf einen bestimmten Zeitraum extrapoliert.

Heute erfolgt die Neugestaltung eines Netzwerkes oft im Umfeld einer Unternehmensakquisition oder Post-Merger-Situation, sei es beim Verlader oder bei wichtigen Kunden. Dabei handelt es sich also um eine einfache Extrapolation, und die Fortschreibung von Eckdaten ist nur noch bedingt sinnvoll. Es geht zum einen immer mehr darum, Grundsätze für die Distributionslogistik zu entwickeln, die über eine statische Situation hinaus die Gestaltung eines Distributionsnetzwerkes prägen. Zum anderen muss das Netzwerk so gestaltet sein, dass es vergleichsweise schnell an Veränderungen angepasst werden kann. Damit verbieten sich für weite Teile Investitionen, langfristige Verträge und zu sehr auf bestimmte Unternehmenssituationen angepasste technische Lösungen.

Die Organisation ist ferner so zu gestalten, dass funktionale „Gräben" zumindest überbrückt werden oder besser noch, dass die Verantwortlichkeiten entlang des Prozesses und nicht pro Funktion angeordnet werden. Ein weiteres Element der Organisationsgestaltung ist der Übergang von „sequenziellen" stufenorientierten Abläufen zu kollaborativen Prozessen.

2.2.2 Der Trend zu europäischen Produktionsstrukturen

Auch in der Produktion geht der Trend schon seit Jahren von nationalen hin zu europäischen oder globalen Produktionsstätten und Unternehmen. Während die „nationalen" Unternehmen ursprünglich das gesamte Produktspektrum fertigten, das in einem Land vertrieben wurde, liegt der Schwerpunkt von europäischen Produktionsstätten auf bestimmten Artikeln, die dafür aber europaweit vermarktet werden. Diese Fokussierung führt in der Regel auf Seiten der Produktion zu erheblichen Vorteilen, so z. B. bei der Komplexität der Fertigung, die sich an unterschiedlichen Faktoren messen lässt: Auslastung der Fabriken, Rüstzeiten, Wartung und Instandsetzung von Anlagen und letztendlich den Fertigungskosten.

Die Konsequenz für die Distribution liegt darin, dass Güter nicht mehr nur innerhalb eines Landes, sondern innerhalb von Europa zum Kunden versandt werden. Damit muss mit der Neugestaltung eines Produktionsnetzwerkes auch die Neugestaltung eines Distributionsnetzwerkes einhergehen. Es ist auch deshalb notwendig, um die finanziellen Auswirkungen eines neu gestalteten Produktionsnetzwerkes beurteilen zu können.

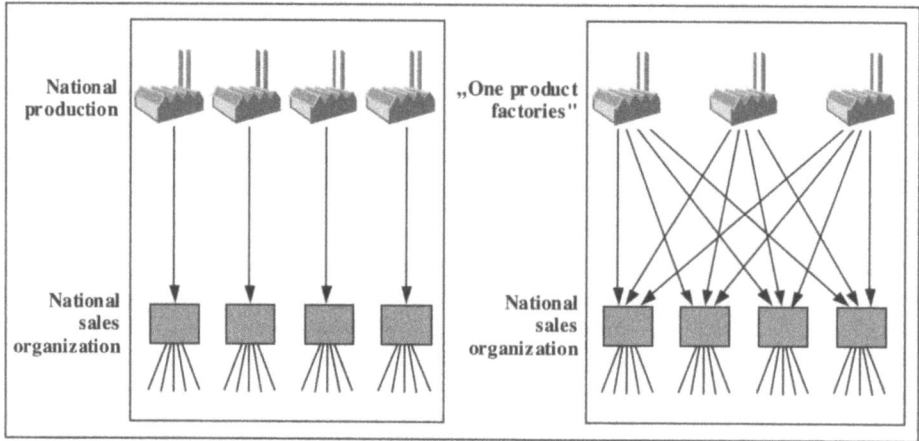

Abbildung 23: Trends zu europäischen Produktionsstrukturen

Die europäische oder gar globale Fokussierung der Fertigung hat aber auch grundsätzliche organisatorische Auswirkungen. Länder waren früher fast autarke Einheiten. Länderverantwortliche hatten Vertrieb, Marketing, Produktion, Logistik und andere Funktionen in der Hand und waren damit in der Lage, die landesspezifischen Anforderungen optimal zu erfüllen.

Mit der Zentralisierung der Produktion, die vor allem durch den gestiegenen Kostendruck notwendig geworden ist, ist eine rein nationale Zuordnung der Produktionsverantwortung nicht mehr sinnvoll. Auch organisatorisch tritt eine Zentralisierung der Produktionsverantwortung ein.

2.2.3   Die Veränderung der Transportkosten

Die Neugestaltung eines europäischen Distributionsnetzwerkes bringt natürlich wesentliche Veränderungen für die Transportkosten eines Unternehmens mit sich. Deshalb sind die Unternehmensleitungen sehr an den Auswirkungen interessiert.

Bisher war Europa durch die Deregulierung der Transportmärkte und durch die damit einhergehenden Transportkostenreduzierungen geprägt. Von 1932 bis 1994 galt in Deutschland der Güterfernverkehrstarif (GFT) für LKW-Transporte, er wurde ursprünglich zum Schutz des Eisenbahnverkehrs vor der wachsenden Konkurrenz durch den LKW-Verkehr eingeführt. Mit der Deregulierung haben sich die Transportkosten kontinuierlich und teilweise sogar sehr erheblich reduziert. Grundlage für die Verhandlung von Transportkosten ist noch immer häufig der GFT, wobei inzwischen von den bisherigen GFT-Werten bis zu 40 Prozent Abstriche gemacht werden. Entsprechend musste auch die Bahn unfreiwillige Preiszugeständnisse machen, um den Verlust von weiterem Frachtvolumen zu verhindern.

Die Reduzierung der Transportkosten, die europaweit zu beobachten ist, hat dazu geführt, dass der bereits beschriebene Trend zur Zentralisierung der Produktion weiter gefördert wurde.

Jedoch zeichnet sich inzwischen eine Trendwende ab. Als verkehrspolitisches Ziel ist in mehreren europäischen Ländern klar zu erkennen: Der Straßentransport soll deutlich verteuert werden, um mehr Volumen auf die Bahn zu verlegen und präventiv die weitere Steigerung des Transportaufkommens, insbesondere auf der Straße, zu bremsen. Allerdings erscheint momentan, bei gleichzeitiger Abwicklung von Güter- und Personenverkehr auf einem einzigen Schienennetz, dort keine signifikante Steigerung des Bahnanteils am Modalsplit möglich.

Um den ständig wachsenden Transportfluss unter Kontrolle zu halten, werden durch die Politik die unterschiedlichsten Mittel eingesetzt: Erhöhung der Mineralölsteuer, Einführung des Roadpricing oder Erhöhung der Kfz-Steuer.

Langfristig muss also bei der Gestaltung eines europäischen Distributionsnetzwerkes von steigenden Transportkosten ausgegangen werden. Um diesem Effekt entgegenzuwirken, sind daher folgende Punkte zu beachten:

- Intelligente Frachtenbündelung – sowohl vom Versender als auch vom Empfänger
- Abkehr von überzogenen JIT-Anforderungen
- Nüchterne Bewertung des Faktors „Zeit"
- Verlagerung auf die Verkehrsträger „Schiene" und „Wasser" soweit möglich

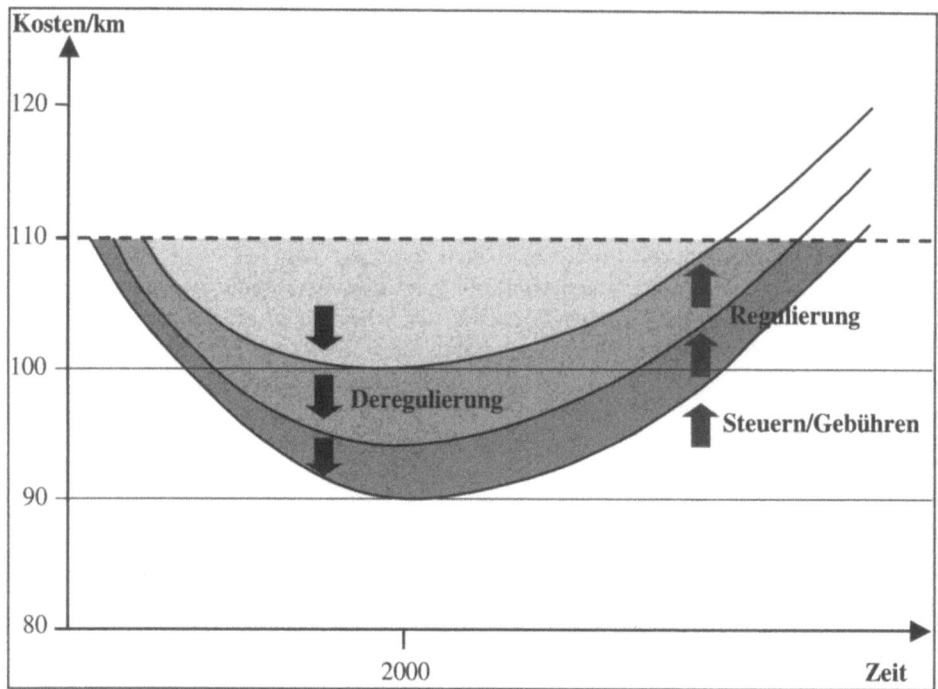

Abbildung 24: Entwicklung der Transportkosten

Die Grundtendenz der Konsolidierung europäischer Distributionsnetzwerke wird auch bei den sich abzeichnenden Transportkostensteigerungen anhalten.

2.2.4   Die Bedeutung von Artikel- und Absatzstruktur

Ein weiterer wichtiger Punkt bei der Gestaltung von europäischen Netzwerken ist die Artikel- und Absatzstruktur. Sie hat direkte Hebelwirkung auf die Gestaltung der Netzwerke, sowohl bei nationalen versus internationalen Produkten als auch bei den Lageranforderungen.

Unternehmen, die ausschließlich nationale Artikel anbieten, brauchen sich in den meisten Fällen weniger Gedanken über die europäische Zentralisierung von Lagern zu machen. Denn wichtige Effekte, die nur durch eine Zusammenführung von Lagern realisiert werden können, sind in diesem Zusammenhang für sie ohne Bedeutung.

Ist jedoch ein internationales Artikelspektrum gegeben, so wirkt sich die Zusammenfügung von Lagern besonders positiv aus. Das zentrale Argument für eine Zusammenlegung ist eine nachhaltige Erhöhung der Lieferfähigkeit und damit des Lieferservice.

Die Sicherheitsbestände erhöhen sich in der Theorie mit der Erhöhung der Lageranzahl um einen Faktor „√n", wobei „n" die Anzahl der Lager darstellt. Dies gilt, wenn die Höhe der Sicherheitsbestände getrieben wird durch normalverteilte Nachfrageschwankungen. Innerhalb einer gewissen Näherung trifft dies regelmäßig für die meisten Konsum- und Massengüter zu. Ein Distributionsnetzwerk mit vier Lagern benötigt also bereits einen doppelt so hohen Sicherheitsbestand wie ein Distributionsnetzwerk mit nur einem Lager für eine rechnerisch gleiche Lieferfähigkeit. Die Erfahrung zeigt, dass die tatsächlichen Einsparungen im Zusammenhang mit der Reduzierung der Lagerstandorte deutlich höher sind. Je breiter ein Sortiment, umso höher ist die Bedeutung dieses Aspekts.

Der Lieferservice erhöht sich ganz wesentlich, da die Verfügbarkeit des Produktes bei einer Konsolidierung des Distributionsnetzwerkes deutlich steigt. Bei einer Lagerstruktur mit dezentralem, nationalem Lager tritt häufig der Effekt ein, dass ein Artikel, der z. B. in Frankreich benötigt wird, zurzeit nur in Schweden verfügbar ist. Je größer die Anzahl der Lager, umso höher ist die Wahrscheinlichkeit, dass ein benötigter Artikel gerade nicht im richtigen Lager zur Verfügung steht. Besonders betroffen davon sind schwankungsanfällige Artikel oder Artikel mit geringem Absatz, beispielsweise Ersatzteile.

Neben den rein artikelspezifischen Merkmalen spielt auch die Absatzstruktur eine erhebliche Rolle. Sie gliedert sich in Absatzanteil und Schwankungsstärke der gelagerten Artikel.

2.3 Einführung neuer Distributionsnetzwerke

Die Gestaltung europäischer Distributionsnetzwerke wird häufig auf die Frage eines Tools zur Netzwerkoptimierung reduziert. Es zeigt sich dabei in der Praxis, dass eine Analyse der Rahmenbedingungen des spezifischen Geschäfts eines Unternehmens wie Lieferzeiten, Bestandsstruktur, Bündelungsanforderungen, regionale Besonderheiten etc. die Anzahl der Optionen soweit einschränkt, dass sich bereits die Struktur eines Netzwerkes deutlich abzeichnet.

Die detaillierte Wahl einzelner Lagerstandorte wird dann wieder häufig vom lokalen Dienstleisterangebot der Speditionen und Lagerbetreiber bzw. stattlichen Unterstützungen bestimmt. Ausnahmen hiervon kommen zum Tragen, wenn sehr kurze Lieferzeiten eine hohe Flächendistribution erfordern. Dies trifft z. B. beim Pharmagroßhandel zu, der mehrmals täglich Apotheken beliefert.

Die eigentliche Problematik bei der Umsetzung liegt dann darin, die prozessualen, systemtechnischen und organisatorischen Voraussetzungen zu schaffen, die ein optimiertes europäisches Netzwerk benötigt.

Bevor ein Projekt zur Neugestaltung einer europäischen Distributionslogistik aufgesetzt wird, hat es sich bewährt, ein Kurzaudit vorzuschalten, in dem die Sinnhaftigkeit eines solchen Projektes noch einmal geprüft wird. Dieses gilt insbesondere dann, wenn der

Auslöser die Zusammenführung zweier Unternehmen z. B. im Rahmen einer Akquisition ist.

2.3.1   Kurzaudit

Besondere Erwartungen hat man im Rahmen von Akquisitionen stets an die Realisierung von Synergiepotentialen in zwei Bereichen: Einkauf und die Schaffung einer gemeinsamen Logistik. Durch ein Kurzaudit zur groben Potentialabschätzung können Unternehmen, die über Synergien in diesem Bereich nachdenken, diese Chancen realistisch bewerten.

Im Rahmen eines Kurzaudits sind es vier Punkte, die im Mittelpunkt stehen:

- Gemeinsames Verständnis über das angestrebte Lieferservice-Niveau
- Kundenüberlappung oder ggf. auch Produktüberlappung
- Eigenbetrieb oder Fremdvergabe
- Grobe Potentialabschätzung

Die eigentliche Gestalt des zukünftigen europäischen Distributionsnetzwerkes spielt eine untergeordnete Rolle, da die Gestalt nur Mittel zum Zweck ist und ggf. in immer geringeren Abständen neuen Anforderungen angepasst werden muss.

Die Bedeutung des Lieferservice eines Unternehmens, als einem der Haupttreiber für die Gestaltung eines europäischen Distributionsnetzwerkes, wurde bereits mehrfach betont. Der angestrebte Lieferservice entscheidet maßgeblich über die Lageranzahl, Distributionsstufen und Standorte. Wenn Synergien zwischen zwei Unternehmen im Bereich der Distributionslogistik realisiert werden sollen, dann muss der Lieferservice beider Unternehmen entsprechend angeglichen werden.

Die Festlegung des Lieferservice-Niveaus ist aber weder eine Entscheidung der Logistik, die sich über jede Stunde mehr Lieferzeit freut, noch des Vertriebs, der immer kürzere Lieferzeiten fordert. Es handelt sich vielmehr um eine Kernentscheidung der Unternehmensleitung. Typische Fragen, die in diesem Zusammenhang geklärt werden müssen, sind:

- Bis zu welcher Uhrzeit wird eine Kundenbestellung angenommen?
- Wann erreicht eine Lieferung einen Kunden?
- Werden Zusatzleistungen am Punkt der Lieferung angeboten?

Die Fragen müssen in vielen Fällen selbstverständlich länder- oder produktgruppenspezifisch beantwortet werden. Die Diskussion dieser Fragen sollte im Rahmen einer Serie von Workshops erfolgen, bei denen unmittelbare Auswirkungen des diskutierten Lieferservice-Angebotes betrachtet werden. Ergebnis einer solchen Übung sind üblicherweise

Europakarten, auf denen das angestrebte Lieferservice-Angebot ggf. pro Produktgruppe beschrieben wird.

Synergien entstehen zum einen durch den gemeinsamen Betrieb von Lagern. Hierfür sind vergleichbare Lieferservice-Anforderungen wesentlich. Synergien entstehen aber auch durch die Konsolidierung von Lieferungen. Hierbei können entweder die Anzahl von Anlieferungspunkten pro Tour erhöht werden oder die Menge, die im Rahmen eines Halts geliefert wird.

Die Frage ist, ob die Anzahl der Kunden in einer Region steigt und ob die Distribution über ein Netzwerk erfolgt, in dem die Anzahl der Anlieferungspunkte direkt beeinflusst wird. Bei einer Auslieferung über einen Paketdienst beispielsweise ist sicherlich ein Mengenrabatt zu erzielen, diesen jedoch auf die Erhöhung der Drop-Anzahl zurückzuführen, dürfte schwer fallen.

Ist die Distribution jedoch auf ein unternehmensspezifisches Auslieferetzwerk mit dedizierter Transportflotte aufgebaut, dann hat die Erhöhung der Anzahl der Anlieferungspunkte pro Tour einen erheblichen und direkten Einfluss auf die Distributionskosten. Denn die Anzahl der Anlieferungspunkte pro Tour ist einer der Hauptkostentreiber in diesem Bereich, und je mehr Anlieferungspunkte pro Tour erreicht werden können, und dies ist nur bei einer höheren Kundendichte möglich, um so kostengünstiger ist eine Distributionslogistik. Entscheidend ist die Verdichtung der Anlieferstellen.

Erfolgt die Belieferung immer über direkte LTL-Transporte, Paketversand oder ein normales Stückgutnetzwerk, so ergeben sich bei einer solchen Konstruktion nur Effekte über den Einkauf von Logistikleistungen (Mengenrabatte). Zeigen sich im Rahmen eines Audits jedoch erhebliche Überschneidungen bei den Kunden und kann damit gerechnet werden, dass die Bündelung von Lieferungen möglich ist, ist in solchen Fällen mit deutlich höheren Effekten zu rechnen – und zwar unabhängig von der Lieferform.

Eine Produktüberlappung ist bei Akquisitionen oder Kooperationen normalerweise nicht gegeben und muss daher nicht weiter beachtet werden. Bei Kurzaudits innerhalb eines Unternehmens, das über eine sehr national ausgerichtete Logistikstruktur verfügt, ist dies jedoch einer der Aspekte, der intensiv betrachtet werden sollte.

Unternehmensakquisitionen scheitern vor allem, weil die Kulturen von Unternehmen nicht zusammenpassen. Ein wichtiger Aspekt, der die Kultur von Unternehmen ausmacht, ist die Entscheidung, welche Funktionen von einem Unternehmen eigenständig durchgeführt werden und welche Aufgabe einem externen Dienstleister übertragen wird.

Transporte sind im Allgemeinen weitgehend fremd vergeben. Nur noch wenige Unternehmen, setzen heute eigene Transportflotten ein. Im Lagerbereich sieht es dagegen deutlich anders aus, auch wenn der Trend im Lagerbereich deutlich auf Fremdvergabe ausgerichtet ist. Die Unternehmensleitungen sollten sich daher im Rahmen eines Kurzaudits klar darüber werden, welche Grundrichtung sie in der Frage der Fremdvergabe verfolgen wollen. Typische Ansätze sind beispielhaft aufgelistet:

- Die gesamte Distributionslogistik wird fremd vergeben, um möglichst große Flexibilität zu schaffen und um Investitionen in diesem Bereich zu vermeiden.

- Fremdvergabe muss sich im Einzelfall rechnen und einen Pay Back von weniger als drei Jahren aufweisen.

- Die Logistik, einschließlich der Lager, wird vom Unternehmen im Eigenbetrieb organisiert, da es sich um eine Kernkompetenz handelt.

Um zu einem Ergebnis in dieser Frage zu kommen, sollte man nicht über irgendein kleines Distributionslager sprechen, sondern über ein produktionsnahes Lager, das auch als Distributionslager genutzt wird. Nur an solchen Beispielen werden alle Facetten, die mit Fremdvergabe zusammenhängen, ausreichend deutlich, und es ergibt sich ein deutlicheres Bild der angestrebten Strategie zur Fremdvergabe.

Logistikmanagement ist ein weiterer Punkt des Kurzaudits. Dahinter verbirgt sich die grundlegende Fragestellung, ob Logistik im Unternehmen als eine zentrale europäische Funktion gesehen wird, oder ob die Logistik in den nationalen Vertriebsorganisationen aufgehängt werden soll. Wenn logistische Netzwerke europäisch optimiert werden sollen, ist eine zentrale Funktion unbedingt notwendig.

Zur einem Kurzaudit gehört ebenfalls stets eine erste Abschätzung des Kostensenkungspotentials, die selbstverständlich nur grob ausfallen kann. In vielen Fällen muss eine solche Abschätzung vorgenommen werden, ohne dass genaue Kenntnisse über die gegenwärtigen Distributionskosten vorliegen. In einem solchen Fall kann dann nur auf Erfahrungswerte aufgebaut werden. Eine Einschätzung des Potentials hilft zum einen, überzogene Erwartungen zu vermeiden, zum anderen, ausreichend Neugierde des Managements zu wecken, wenn interessante Potentiale zu erwarten sind.

Unabhängig von der Komplexität der Ausgangssituation sollte ein Kurzaudit nicht länger als vier bis sechs Wochen dauern.

2.3.2   Vorgehen bei der Neugestaltung eines europäischen Distributionsnetzwerkes

Eine Reihe von Erfolgsfaktoren müssen, bei der Neugestaltung einer europäischen Distributionslogistik beachtet werden. Diese werden im Rahmen des Vorgehens bei der Neugestaltung eines europäischen Distributionsnetzwerkes besprochen. Die wichtigsten Schritte sind:

- Vision und Zielsetzungen
- Projektorganisation
- Projektplanung

- Aufsetzen des Projekt- und Erfolgscontrolling
- Analysephase
- Entwicklung von Netzwerkalternativen
- Implementierungsplanung

Innerhalb dieses Projektrahmens bewegt sich die Einführung eines neuen Distributionsnetzwerkes, die einzelnen Schritte werden nachfolgend weiter detailliert.

Vision und Zielsetzungen

Ausgangspunkt für ein solches Projekt ist eine klare Vision, sie muss im Top-Management hinsichtlich der Zielsetzungen abgestimmt sein und eine Auflistung aller kritischen Punkte enthalten. Hierbei handelt es sich nicht um einen spezifischen Aspekt der Neugestaltung eines europäischen Distributionsnetzwerkes, sondern um einen generellen Punkt erfolgreicher Projektdurchführung.

Leider zeigt sich immer wieder, dass in Unternehmen Projekte aufgesetzt werden, bei denen das Top-Management keine einheitlichen Zielvorstellungen entwickelt hat. Da jedes Projekt Einfluss auf den Erfolg eines Unternehmens hat, sind die Konsequenzen absehbar.

Das ist um so gravierender für Projekte, die die Neugestaltung eines Distributionsnetzwerkes betreffen, ganz besonders dann, wenn ein europäisches Distributionsnetzwerk untersucht und gegebenenfalls neu gestaltet werden soll. Diese Neugestaltung hat nicht nur direkten Einfluss auf die Logistik, sondern betrifft auch andere Teile des Unternehmens wie Vertrieb, Controlling, Planung und Produktion.

Ausgangspunkt für jedes Projekt müssen klare Zielsetzungen sein. Die Zielsetzungen sollten zumindest Vorgaben für die angestrebten Profitabilitätssteigerungen enthalten. Die Zielvorgaben müssen sich direkt aus den engen Vorgaben der Unternehmensziele und der Unternehmensstrategie ableiten lassen. Im Falle von Logistikprojekten sind weiterhin Aussagen zur Fremdvergabe, zur Zusammenarbeit mit Kunden und zur Stellung der Logistik innerhalb des Unternehmens sinnvoll.

Die Aufgabe eines Vorstandes bzw. des Top-Managements ist es, Projektzielsetzungen im Unternehmen zu kommunizieren. Der Projekterfolg bei einem so anspruchsvollen Projekt, wie der Neugestaltung einer europäischen Distributionslogistik, ist stark davon abhängig, wie intensiv und glaubwürdig das Top-Management seinen Mitarbeitern die Visionen und Zielsetzungen eines Projektes vermittelt. Es gehört ebenfalls zu den Aufgaben des Projektleiters, allgemein gefasste Ziele zu Beginn eines Projektes zu konkretisieren und dann noch einmal mit dem Top-Management abzustimmen.

Es ist ferner wichtig, eine gemeinsame Vorstellung in Unternehmen darüber zu entwickeln, was „State-of-the-Art-Logistik" im europäischem Kontext bedeutet. „State-of-the-Art" sollte insbesondere nicht über technische Höchstleistungen definiert werden. Eine „State-of-the-Art-Logistik" zeichnet sich nicht zwangsläufig über das modernste, höchste

oder schnellste Hochregallager im Europa aus. Eine moderne Logistik kann unter
Umständen auch aus sehr einfachen, sehr flexiblen und vor allem sehr kapitalarmen
Elementen bestehen, die ein einfaches Anpassen an neue Unternehmenssituationen er-
möglichen.

Vision:

Wir sind der zuverlässigste Lieferant unserer Kunden, und wir können
uns am schnellsten auf neue Kundenbedürfnisse einstellen.

Ziele:

- Die Distributionslogistik kostet maximal acht Prozent vom Umsatz und damit zwölf Prozent weniger als heute.

- Es gibt klare Verantwortlichkeiten für den Lieferservice, die sich
  über die gesamte Logistikkette ziehen.

- Die Logistik und ihre Performance sind transparent.

- Wir differenzieren uns gegenüber dem Wettbewerb über Zuverlässigkeit und Flexibilität und nicht über Geschwindigkeit.

- Wir liefern mindestens 98 Prozent aller Aufträge zur uneinge-
  schränkten Zufriedenheit unserer Kunden aus.

- Die Bestände an Fertigwaren werden halbiert.

- Distributionslogistik ist keine Kernkompetenz unseres Unternehmens, daher werden Lager und Transportaktivitäten fremdvergeben und Investitionen vermieden.

Selbst ein klares Statement von einem Projektleiter wie: „Wir reduzieren unsere Logistikkosten um mindestens zehn Prozent" ist erklärungsbedürftig. In den wenigsten Unternehmen besteht nämlich ein gemeinsames Verständnis darüber, was Logistikkosten sind.
Die Bestands- und Administrationskosten sollten aus unserer Sicht in jedem Fall neben
den Positionen Transport- und Lagerkosten in den Logistikkosten enthalten sein. Bei
weiteren Einzelpositionen ist es weniger wichtig, ob sie aufgenommen werden oder nicht,

denn häufig werden diese Einzelkostenpositionen intern nicht der Logistik zugeordnet, sondern anderen Bereichen wie dem Controlling oder dem Vertrieb. Entscheidend ist nur, dass alle am Projekt Beteiligten von Projektbeginn an ein gemeinsames Verständnis davon haben, was Logistikkosten bedeuten.

Ein Beispiel für Zielsetzungen eines Projektes zur Neugestaltung der europäischen Distributionslogistik zeigt die Punkte, die in den Zielvorgaben sinnvollerweise enthalten sein sollten:

Ein klares Bekenntnis des gesamten Top-Managements für die Projektziele zu erhalten, stellt eine besondere Herausforderung dar. Allein an den Zielsetzungen ist zu erkennen, welche umfassenden Auswirkungen auf die Kunden oder die Organisation ein solches Projekt zur Neugestaltung der europäischen Distributionslogistik haben kann.

Projektorganisation

Bei der Gestaltung der Projektorganisation muss ein ordnungsgemäßer und vor allem zügiger Ablauf des Projektes gewährleistet sein.

Mit der Neugestaltung einer europäischen Distributionslogistik werden in fast allen Fällen auch Verantwortungen neu geregelt. Daher gibt es bei Projekten dieser Art häufig erhebliche Widerstände in der Organisation. Deshalb sollte bereits im Vorfeld über den Umgang mit solchen Widerständen und Friktionen nachgedacht werden.

Die Neugestaltung europäischer Distributionsnetzwerke ist nicht in einer Annäherung von der Basis her möglich. Vielmehr muss das Top-Management den gesamten Projektverlauf voll unterstützen.

Das Top-Management wird sinnvollerweise über zwei Mechanismen eingebunden. Zum einen über einen Lenkungsausschuss, in dem mindestens Logistik, Vertrieb und Finanzbereich auf Top-Management-Ebene vertreten sind. Zum anderen hat sich das Instrument des Mentors sehr bewährt. Es ist nahe liegend, dass der für Logistik verantwortliche Vorstand die Aufgabe eines Mentors übernimmt. Beide Mechanismen sind übliche Managementpraxis und brauchen daher nicht näher erläutert zu werden.

Eine der ersten Entscheidungen, die das Top-Management neben den Visionen und Zielsetzungen treffen muss, ist die Frage der Einbindung der nationalen Geschäftsführer der beteiligten Länder. Es gibt grundsätzlich zwei Optionen: Eine ist die frühe Einbindung der nationalen Verantwortlichen in einem so genannten „Country Board". Hier werden alle Entscheidungen des Lenkungsausschusses kurz nach dessen Sitzungen den Verantwortlichen vorgestellt, sodass eine Einbindung aller Beteiligten und auch die Berücksichtigung nationaler Besonderheiten und Interessen gewährleistet sind.

Der besondere Vorteil dieser Vorgehensweise liegt in der deutlich schnelleren Implementierung eines neuen europäischen Distributionsnetzwerkes, wenn die Entscheidung erst einmal getroffen worden ist. Es kann auch von Nachteil sein, die Länderverantwortlichen gleich von Beginn an einzubinden. Der Entscheidungsprozess dauert in der Regel deutlich länger, die Entscheidungen werden sehr viel mehr von nationalen Eigeninteressen beeinflusst und geprägt. Der große Wurf, die revolutionären neuen Lösungen, eine vollständige Neugestaltung der optischen Distributionslogistik ist auf diesem Weg häufig nur sehr schwer durchsetzbar.

Die Alternative dazu bildet der Verzicht auf die Einbindung der für die Regionen Verantwortlichen in der ersten Phase des Projektes. Bei diesem Ansatz kann sehr viel schneller ein neues, grundsätzlich anderes Konzept für die Neugestaltung des europäischen Distributionsservice entwickelt werden. Selbstverständlich ist die Implementierung anschließend umso anspruchsvoller, da sich erfahrungsgemäß erheblicher Widerstand in den nationalen Organisationen ergibt. So kann nicht davon ausgegangen werden, dass die Grundideen eines Konzeptes aufgegriffen werden und gegebenenfalls mit geringen Modifikationen, die in einer Implementierung normal sind, eine Umsetzung erfolgt.

Hier zeigt sich vielmehr, dass nicht ausreichend berücksichtigte nationale Besonderheiten, für die sich bei konstruktiver Vorgehensweise problemlos eine Lösung finden ließe, als Argument genutzt werden, das Konzept in seiner Gesamtheit in Frage zu stellen.

Der Weg über die Einbindung der national verantwortlichen Manager ist üblich und auch empfehlenswert. Nur wenn sich ein Unternehmen in einer völligen Umbruchsituation befindet, sollte die alternative Option erwogen werden.

Gremien	Aufgaben
Lenkungsausschuss	• Genehmigung der Projektinhalte/Ergebnisse • Meilensteinkontrolle • Kostenkontrolle • Genehmigung größerer Projektänderungen
Projektleitung	• Genehmigung kleinerer Projektänderungen • Durchführung von Meilenstein-Ergebnisbesprechungen bei Großprojekten • Kostenkontrolle/Terminkontrolle
Länderboard	• Einbringung länderspezifischer Anforderungen • Internationale Akzeptanz • Unterstützung der Umsetzung
Projektebene	• Projektplanung • Projektsteuerung • Projektdurchführung • Projektberichterstattung
Externe Expertenrunden	• Know-how-Transfer • Branchenübergreifende geistige „Befruchtung" • Korrektur von Fehlentwicklungen (Blue Teams)

Abbildung 25: Projektgremien

Die Auswahl des Projektleiters sollte bei einem derartig komplexen Vorhaben vor allem zwei Kriterien berücksichtigen: Kompetenz und ausreichende Kapazität. Im Hinblick auf die Kompetenz zeichnet sich ein guter Projektleiter durch umfassende Erfahrung in verschiedenen Bereichen der Logistik aus; ferner ist es für solche Projekte sehr hilfreich, wenn er zusätzlich über Controlling- und IT-Know-how verfügt.

Neben den fachlichen Fähigkeiten sind aber auch gute konzeptionelle Fähigkeiten, ein starkes Durchsetzungsvermögen und gute Einbindung in die internationale Organisation notwendige Voraussetzungen. Die starke Durchsetzungsfähigkeit ist deswegen notwendig, weil es sich bei dem Projektleiter, der für die Erarbeitung eines neuen Distributionslogistikkonzeptes in einer ersten Phase verantwortlich ist, idealerweise auch um die Person handelt, die anschließend die Implementierung dieses Konzeptes übernimmt.

Spätestens für die Implementierung einer neu gestalteten europäischen Distributionslogistik ist es notwendig, einen Manager vollzeitig einzusetzen, wohingegen während der Konzeptphase Kapazitätsengpässe auch durch externe Projektmanager abgedeckt werden können.

Um den Erfolg der sich später anschließenden Implementierungsphase sicherzustellen, ist es zwingend notwendig, dass der Projektleiter in der Verantwortung bleibt – insbesondere auch beim Einsatz externer Unterstützung. Der Projektleiter sollte die Ergebnisse, die im Rahmen von Lenkungsausschusssitzungen vorgestellt werden, präsentieren.

Das Projektteam muss sich aus Mitarbeitern aus unterschiedlichen Unternehmensbereichen zusammensetzen, die folgende vier Funktionen abdecken sollen: *Logistik*, *Controlling*, Vertrieb/Marketing und *IT*.

Bei der *Logistik* sollte zwischen einem Kernteam und den Personen, die im Bereich Logistik nur eine unterstützende Funktion haben, unterschieden werden. Das Kernteam sollte so zusammengesetzt sein, dass neben strategischem Know-how in der Logistik auch ein guter Überblick über die Situation in allen Regionen gegeben ist, ohne dass das Team mehr als fünf Personen von Seiten der Logistik umfasst. Zum erweiterten Team zählen die in der Region verantwortlichen Logistikleiter.

Eine Person aus dem zentralen *Controlling* im Team ist ausreichend. Die Aufgabe des Controllers ist es, die Schlüssigkeit der aus den Regionen gemeldeten Zahlen zu prüfen, für erste Arbeitsschritte Kennzahlen aus der Logistik bereitzustellen und die entwickelten Maßnahmen mit zu bewerten. Sollte die Güte von Zahlen kritisch zu beurteilen sein, kann im Extremfall sogar ein Mitarbeiter aus der Revision zeitweise hinzugezogen werden.

Der Mitarbeiter aus dem Vertrieb bzw. Marketing muss fundierte Informationen über Lieferserviceanforderungen haben, dazu gehören zum Beispiel Lieferzeiten, Besonderheiten bei der Auftragsabwicklung, spezielle Verpackungsformen oder weitere Extras an der Schnittstelle zum Kunden.

Der *IT-Mitarbeiter* ist zuständig für die Erstellung von SQL-Masken, Reports oder die Bereitstellung anderer Instrumente.

Das eigentliche Kernteam sollte damit nicht mehr als rund ein halbes Dutzend Mitarbeiter umfassen, die je nach Bedarf auf regionale oder zentrale Ressourcen zurückgreifen können.

Unabdingbar ist für die Neugestaltung von europäischen Netzwerken eine gewisse Internationalität des Projektteams. Persönliche Erfahrungen und Sprachkenntnisse aus verschiedenen europäischen Regionen wie Frankreich, Spanien, Italien, Deutschland, Großbritannien, Skandinavien und Benelux sind von großem Vorteil, aber auch die osteuropäischen Länder gewinnen in diesem Zusammenhang erheblich an Bedeutung.

Sollten in einem Unternehmen keine Mitarbeiter mit dem oben genannten Profil für ein solches Projekt zur Verfügung stehen, so besteht die Möglichkeit, auf dem externen Markt Beratungskapazität einzukaufen. In diesem Falle sollten alle genannten Funktionen im Projektteam zumindest zeitweilig vertreten sein.

Projektplanung

Eine der Aufgaben des Projektteams ist es, eine angemessene Projektplanung für die Neugestaltung einer neuen europäischen Distributionslogistik aufzusetzen und zu detaillieren.

Zur Projektplanung gehören insbesondere:

- Abstimmung von Zielsetzungen
- Termin- und Ressourcenplanung
- Dokumentation der zu erwartenden Ergebnisse
- Kommunikationsplanung

Für die Erarbeitung eines Konzeptes bis zur Neugestaltung der europäischen Distributionslogistik sind insgesamt drei bis sechs Monate anzusetzen. Ein Zeitraum von deutlich mehr als sechs Monaten sollte vermieden werden. Erfahrungsgemäß ist es schwer, das Interesse beim direkten Top-Management über einen so langen Zeitraum auf einem Niveau zu halten, wie es für ein derart anspruchsvolles Projekt erforderlich ist.

Sollte es trotz anders lautender Planungen zur Überschreitung der Frist von sechs Monaten für die Entwicklung eines Konzeptes zur Netzwerkneugestaltung kommen, hat dies in der Regel zwei Ursachen. Die erste Ursache ist eine zu lange Analysephase, in der oft der Fehler begangen wird, die gesamte europäische Distributionslogistik in ihrer heutigen Form analytisch durchdringen zu wollen. Die zweite Ursache für eine Überziehung des zeitlichen Rahmens ergibt sich erfahrungsgemäß daraus, dass beliebig viele sinnvolle – und vor allem auch weniger sinnvolle – Alternativen getestet werden.

Sollte das oben genannte Team, sei es mit eigenen Mitarbeitern oder mit externer Unterstützung, bereits vorhanden sein, so umfasst die Ressourcenplanung nur noch die Planung der Mitarbeiterressourcen in den Regionen. Ferner hat es sich als hilfreich erwiesen, eine erste Grobabschätzung des Ressourcenbedarfs der Implementierungsphase bereits zu einem frühen Zeitpunkt der Konzeptphase vorzunehmen.

Hier ist es selbstverständlich hilfreich, wenn auf entsprechende Projekterfahrungen bereits zurückgegriffen werden kann. Zielsetzung dieser frühen implementierungsorientierten Planung – im Grunde handelt es sich mehr um eine erste Grobabschätzung – ist es, früh ausreichende Ressourcen anzumelden und zu blockieren, sodass später eine reibungsarme Implementierung gewährleistet ist.

Bereits zu Projektbeginn wird in der Projektplanung die Dokumentation der zu erwartenden Ergebnisse festgelegt, ebenso sollten die Gliederung der Gesamtdokumentation sowie ein erster Entwurf der Abschlusspräsentation erstellt werden, das gilt auch für grobe Meilensteine, die Projektfortschritte dokumentieren.

Ebenfalls zur Projektplanung gehört die Projektkommunikation. Dieser Aspekt wird meistens völlig unterschätzt, obwohl er für den Projekterfolg von erheblicher Bedeutung ist. Auch hier ist ein Meilensteinplan zu entwickeln, in dem alle Kommunikationsmaßnahmen mit den dafür verantwortlichen Personen enthalten sind. Unternehmen, die wenig Erfahrung mit der Neugestaltung europäischer Distributionsnetzwerke besitzen, ordnen die Kommunikationsanforderungen leider häufig falsch ein. Das Kritische hierbei ist, dass die Probleme während der Konzepterstellungsphase weniger auftreten. Die Konzepte werden meistens nach kürzeren oder längeren Diskussionen vom Vorstand verabschiedet, die eigentlichen Herausforderungen treten dann aber während der ersten Implementierung auf. Würde man die Neugestaltung einer europäischen Distributionslogistik als ein rein unternehmensinternes Projekt begreifen, so wird dieses möglicherweise auch nicht weiter kritisch, wenn nur ein Vorstand, der ein solches Projekt ausreichend unterstützt, alle Maßnahmen unternehmensintern durchsetzen kann.

Die Neugestaltung der europäischen Distributionslogistik und ihrer erfolgreichen Implementierung weist viele Schnittstellen zu den Kunden und Distributoren auf, sodass Kommunikation nicht nur unternehmensintern, sondern auch nach außen notwendig ist. Auch die aktive Vermarktung und Vorbereitung der Kunden auf die neue logistische Schnittstelle zum Unternehmen ist von großer Bedeutung. Dies ist eine positive Verbesserung des Lieferservice, sie muss allen Beteiligten im Umfeld genauso kommuniziert werden, was erfahrungsgemäß möglich ist.

Aufsetzen des Projekt- und Erfolgscontrolling

Für die erfolgreiche Durchführung eines Projektes zu Neugestaltung der europäischen Distributionslogistik ist ein auf die Zielsetzungen abgestimmtes Projektcontrolling notwendig, um Transparenz in den eigentlichen Projektablauf zu bringen. Das heißt, wenn die Kernzielsetzung des Projektes die Verbesserung des Lieferservice in Europa darstellt, dann sollten von Projektbeginn an die Messungen des aktuellen Lieferservice nach einheitlichen Standards und Methoden in Europa vorgenommen werden. Es zeigt sich bei den meisten Unternehmen, dass umfangreiche Zahlenwerke erhoben werden. Es zeigt sich aber leider auch, dass keine einheitliche Definition, keine einheitlichen Messpunkte, keine einheitlichen Termine zur Ermittlung wichtiger Kennzahlen vorhanden sind, sodass eine Vergleichbarkeit praktisch nicht gegeben ist.

Einheitliche Verfahren und Methoden zur Erhebung dieser Daten schaffen eine Transparenz über die aktuelle Situation, deren Kosten und den tatsächlichen Servicegrad. Spätestens wenn diese Voraussetzungen geschaffen werden, bleibt das Interesse über einen ausreichend langen Zeitraum gewährleistet. Daher sollte das Management gleich von Beginn an eine kontinuierliche Messung der logistischen Kosten und des Servicegrads aufsetzen lassen.

Dies setzt allerdings voraus, dass von Projektbeginn an ein klares eindeutiges und gemeinsames Verständnis aller Beteiligten in Unternehmen davon geschaffen wurde, was mit einem Projekt zur Neugestaltung der europäischen Distributionslogistik erreicht werden soll. An dieser Stelle wird wiederum deutlich, dass der Projektverantwortliche und das gesamte Projektteam von Projektbeginn an alles unternehmen sollten, die Zielsetzung im Hause zu verankern, sodass bei allen Beteiligten hierüber ein gemeinsames Verständnis besteht.

Analysephase

Bei vielen Projekten ist zu beobachten, dass zu Projektbeginn eine sehr umfassende Analyse der Lager-, Transport- und Sendungsstruktur sowie der Bestandssituation, der Auftragsbearbeitung und der Planungsprozesse u. A. durchgeführt wird. Die Aufnahme der aktuellen Ausgangssituationen dient aber dem Zweck zu verstehen, mit welchem Aufwand und Effekt die Neugestaltung der Distributionslogistik in Europa verbunden ist.

- Marktorientierte Analyse

Der erste Aspekt, der im Zusammenhang mit der Neugestaltung einer europäischen Distributionslogistik berücksichtigt werden muss, ist weniger die Frage der heutigen Distributionslogistik und des vorhandenen Netzwerkes, als vielmehr die Frage nach den Kundenanforderungen sowie den Marketing- und den Vertriebsstrategien des Unternehmens. Die neu zu gestaltende Distributionslogistik muss in diesen wichtigen Rahmenparametern realisiert werden.

Das Projektteam muss sich Klarheit über die Vertriebs-, die Marketingstrategie und den Kundenservice verschaffen. Diese Strategien, die aus den Unternehmensleitlinien abgeleitet sein müssen, haben erheblichen Einfluss auf die Gestaltung der Distributionslogistik.

Der wichtigste Faktor für die Neugestaltung einer Distributionslogistik ist in diesem Zusammenhang der Lieferservice. Das Projektteam darf die Vorgaben des Vertriebs allerdings nicht ohne Prüfung übernehmen. Der Zusammenhang zwischen Lieferzeitanforderungen bzw. Serviceversprechungen und Kostenauswirkungen muss transparent gemacht werden, um dem Management zu erlauben, ein gemeinsames Verständnis darüber zu erzielen, welches Serviceniveau erreicht werden soll. An dieser Stelle muss nach Differenzierungsmöglichkeiten zwischen Kundengruppen, Produktgruppen oder Regionen gesucht werden, wie beispielsweise dem Nord-Süd-Gefälle bei den Lieferserviceanforderungen in fast allen Branchen.

Ein weiterer wichtiger Treiber ist das Produktsortiment, dessen zukünftige Entwicklung in Gesprächen mit Vertrieb und Marketing geklärt werden muss. Hierbei ist insbesondere zu untersuchen, ob die Tendenz zu nationalen oder zu europäischen Produkten besteht.

Bei Akquisitionen stellt sich neben der nahe liegenden Frage nach Lieferservice und Produktstruktur noch die Frage nach den Kundengruppen. Darum kann es auch dann gehen, wenn eine neue Logistik als Ergebnis des Eintritts in neue Märkte gestaltet werden soll, wie es im Zusammenhang mit dem Weg zum B2C-Geschäft häufig der Fall war.

Weitere Punkte, die in diesem Zusammenhang erhoben werden müssen, sind Verpackungsanforderungen, das Bestellverhalten der Kunden und neue logistische Zusatzdienste, die der Markt verlangt.

Bedeutend ist hierbei weniger das Verständnis der heutigen Situation, sondern vielmehr die Fragestellung, wie sich der Markt und seine Anforderungen in den nächsten Jahren entwickeln werden. Es zeigt sich in vielen Gesprächen mit Mitarbeitern des Vertriebs und des Marketings über dieses Thema, dass oft sehr klare Vorstellungen über die zukünftige Entwicklung dieser Unternehmensanforderungen existieren.

Es hat sich in vielen Projekten bewährt, nicht nur die Experten innerhalb eines Unternehmens zu befragen, wie sie die Marktentwicklungen und die Entwicklung der Kundenanforderungen sehen. In vielen Fällen haben erst direkte Gespräche mit Kunden Klarheit über die heutige Situation im Unternehmen aus logistischer Sicht gebracht. Diese Gespräche sollten von Personen geführt werden, die keinen Vertriebs-, sondern gerade einen Logistikhintergrund mitbringen.

Kundeninterviews haben den weiteren Vorteil, dass in einem Dialog über die Lieferanforderungen eine eigenständige Position aus dem Projekt heraus bezogen werden kann. Sie sind selbstverständlich nicht im statistischen Sinne aussagekräftig, erhalten aber durch Aussagen der Kunden ein erhebliches Gewicht.

Mit Hilfe der Kundeninterviews findet man außerdem heraus, ob ein Kunde Interesse und Bereitschaft zeigt, die Logistik und eine gemeinsame Optimierung der logistischen Kette aktiv voranzubringen. Häufig kann ein wirklicher Durchbruch im Lieferservice und bei den Kosten erst dann erzielt werden, wenn Lieferant und Kunde gemeinsam an der neuen Gestaltung von logistischen Ketten arbeiten. Dies ist selbstverständlich nur dann sinnvoll, wenn die Kundenstruktur durch eine überschaubare Anzahl von Kunden geprägt ist, die für einen Großteil des Umsatzes verantwortlich zeichnen.

Es hat sich bewährt, diese Gespräche durch Externe durchführen zu lassen, da zum einen damit beim Kunden verhindert wird, dass aus den Gesprächen Preisverhandlungen abgeleitet werden, zum anderen, weil die Ergebnisse, die ein Unternehmensfremder als Ergebnis der Kundengespräche vorstellt, als neutral und glaubwürdiger gelten.

Die Ergebnisse der Betrachtung von Markt- und Kundenanforderungen sind nicht nur die reine Analyse statistischer Größen, sondern haben auch eine strategische Bedeutung. Die Bewertung der Ergebnisse und die daraus abgeleiteten Leitlinien für die Markt- und Kundenanforderungen sollten einen erheblichen Raum in der ersten Lenkungsausschusssitzung nach dem Projektstart einnehmen. Auch Vorstände und Führungskräfte sind an der Frage, wie der Lieferservice zukünftig gestaltet werden soll, sehr viel mehr interessiert als an der Zahl der Lager im Unternehmen.

- Erhebung der logistischen Ausgangssituation

Während man die Erhebung und Bewertung der Markt- und Kundenanforderungen flächendeckend auf einem etwa einheitlichen Niveau durchführen muss, sollte die Analyse der logistischen Ausgangssituation bereits differenziert in ihrer Detaillierung erfolgen.

Vernachlässigt werden kann es, ein Lager im Detail zu analysieren, bei dem bereits nach Analyse und Bewertung von Markt- und Kundenanforderungen absehbar ist, dass es in einer zukünftigen europäischen Netzwerkstruktur nicht mehr benötigt wird.

Die Einschätzung, welche Daten im weiteren Projektverlauf wirklich erhoben werden müssen, setzt erhebliche Erfahrung bei der Neugestaltung und Implementierung von europäischen Distributionsnetzwerken voraus. Wenn ein Unternehmen über diese Erfahrungen verfügt (oder sich diese Erfahrungen verfügbar macht), können die Projektdauer deutlich verkürzt und der Aufwand zur Datenerhebung nachhaltig fokussiert werden. Dieses erhöht die Akzeptanz des Projektes und ist ein wichtiger erster Schritt zur Absicherung der späteren Umsetzung. Eine zu umfangreiche und detaillierte Datenerhebung sollte um jeden Preis vermieden werden.

Der tatsächliche Aufwand zur Aufnahme der logistischen Ausgangssituation ergibt sich insbesondere daraus, welche Daten im Unternehmen bereits zur Verfügung stehen, was von Unternehmen zu Unternehmen sehr verschieden sein kann.

Die Aufnahme der logistischen Ausgangssituation eines Unternehmens umfasst grundsätzlich vier Schwerpunkte: *Allgemeine Logistikdaten, Baseline, Daten zur Überprüfung von Hypothesen* und *Daten für Ausschreibungen*.

Im Rahmen der Ist-Aufnahme müssen in einem ersten Schritt die *allgemeinen Logistikdaten* über die heutige Distributionslogistik des Unternehmens erstellt werden. Nach

Beendigung der Ist-Aufnahme gibt es eine Reihe von einfachen, grundlegenden Fragen, die zweifelsfrei geklärt sein müssen, so zum Beispiel:

- Wie viele Lager hat das Unternehmen im Europa?
- Welche Transporte werden durchgeführt?
- Wie viele Mitarbeiter arbeiten heute in der Logistik?
- Welche Kosten entstehen jährlich durch die Distributionslogistik?
- Wie hoch sind die Bestände in Europa, und wie verteilen sie sich?

Es sollte aber ganz bewusst der Versuch unternommen werden, die Daten und Informationen, die aus einem mehr allgemeinen Interesse an einem bestehenden Distributionsnetzwerk bestehen, auf ein Minimum zu reduzieren.

Die Schaffung einer klaren *Baseline* ist für den Projekterfolg von zentraler Bedeutung. Gegen die Baseline werden während der Konzeptphase mögliche Einsparpotentiale und auch Serviceverbesserungen abgeschätzt. In der Implementierungsphase bildet die Baseline wiederum die Basis für das kontinuierliche Verfolgen des Projektstandes und der tatsächlich realisierten Verbesserungen.

Die Baseline darf dabei nicht nur Logistikkosten umfassen, sondern muss schlüssig aus den Zielvorgaben des Projektes abgeleitet sein. Das heißt, wenn die Verbesserung des Services um zehn Prozent eine Vorgabe für die Neugestaltung eines europäischen Distributionsnetzwerkes ist, so muss eine eindeutige Definition des Begriffes Service vorliegen. Basierend auf dieser Definition findet dann die Messung der aktuellen Serviceprofile statt. Aus Managementsicht sind in der Regel drei messbare Größen relevant: Kosten der Distributionslogistik, Servicegrad und Cash Flow-Auswirkungen (z. B. auf Grund von Investitionen und Einmalausgaben). Die Baseline enthält aber nicht nur Kostendaten. Entscheidend sind letztlich die erreichten Stückkosten z. B. Euro pro Paket.

In der Praxis wird es sich nicht vermeiden lassen, durch ein gegebenenfalls aufwendiges Projektcontrolling Einsparungen von Einzelmaßnahmen deutlich zu machen, bei denen dann vielfach veränderte Rahmenbedingungen herausgerechnet werden müssen. Aus Managementsicht wird jedoch die Neugestaltung einer europäischen Distributionslogistik nur dann als Erfolg wahrgenommen, wenn auch in der Bilanz wirksame Effekte realisiert werden können.

Der Servicegrad darf sich nicht verschlechtern. Besonders in der Umsetzungsphase muss ein Projektleiter bis ins Detail Auskunft über den aktuellen Lieferservice geben können.

Der dritte wichtige Aspekt, auf den das Management besonders achten muss, ist die Frage des Cash Flow. Hier sollte im Rahmen der Ist-Aufnahme geklärt werden, welche Beträge für Investitionen in die Distributionslogistik eingeplant waren bzw. welche Beträge durchschnittlich jedes Jahr investiert werden. Die Implementierungskosten eines neuen

Konzeptes relativieren sich häufig in Anbetracht der manchmal unterschätzten Investitionen, die im laufenden Betrieb anfallen.

Am effizientesten erfolgt die Datenerhebung, wenn das gesamte Projekt hypothesengestützt erfolgt. Die Erhebung von *Daten zur Überprüfung von Hypothesen* bildet damit den Kern der eigentlichen Datenerhebung. Wird, wie bereits oben beschrieben, auf die Erstellung von Hypothesen verzichtet, so erhöht sich der Aufwand überproportional.

Typische Hypothesen, die im Rahmen von Projekten zur Neugestaltung einer europäischen Distributionslogistik erstellt werden, lassen sich in fünf Kategorien einteilen:

- Auftrags- und Sendungsstruktur
- Bestandsstruktur und Dispositionen
- Transport und Verpackung
- Lagerstruktur
- Warenrücknahme und Recycling

Die Auftrags- und Sendungsstruktur besitzt wie bereits ausgeführt einen erheblichen Einfluss auf die Gestaltung eines europäischen Distributionsnetzwerkes. Im Zusammenhang mit der Auftrags- und Sendungsstruktur wird an erster Stelle die Frage nach Direktlieferungen gestellt. Unter Direktbelieferung sind Lieferungen vom Produktionswerk direkt zum Kunden, unter Umgehung aller Zwischenlager, zu verstehen. Direkten Lieferungen steht häufig die Forderung nach Vermeidung von Ordersplits im Wege. Die Problematik des Ordersplits kann in einigen Fällen umgangen werden, indem man zusammen mit dem Kunden das Bestellverhalten des Kunden so ändert, dass werksbezogene Bestellungen herausgegeben werden.

Typische Hypothesen für die Auftrags- und Sendungsstruktur:

- 20 Prozent alle Lieferungen können direkt ab Werk unter Umgehung von Marktlagern durchgeführt werden.

- Die durchschnittliche Anzahl von Auslieferungsstopps kann um 10 Prozent erhöht werden. Damit lassen sich sieben Prozent der Transportkosten einsparen.

- Kleinst-Sendungen könnten über einen Großhändler abgewickelt werden. Damit lassen sich fünf Prozent der Gesamtlogistikkosten im Bereich Transport, Lagerung und Administration einsparen.

Der zweite wichtige Bereich sind die Bestandsstruktur und Dispositionen. Das wichtigste Thema im Bereich Bestände für die Neugestaltung eines europäischen Distributionsnetzwerkes ist der Grad der Überlappung der verschiedenen Bestände. Ein europäisches

Distributionsnetzwerk kann umso mehr zentralisiert werden, je europäischer die Bestandstruktur ist.

Typische Hypothesen im Bereich Bestandsstruktur und Dispositionen:

- 80 Prozent aller Artikel sind nicht nationale Produkte. Diese Artikel stehen für 95 Prozent des gesamten Absatzes.

- Die Zusammenlegung der Bestände führt zu einer nachhaltigen Bestandsreduzierung um 30 Prozent.

- Die Übernahme der Dispositionsverantwortung durch den Lieferanten verlängert die Auslieferzeit um 30 Prozent, die wiederum für den Transport genutzt werden können.

Hypothesen zur Lagerstruktur beziehen sich selbstverständlich vor allem auf die Anzahl oder die Standorte und die damit verbundenen Einsparmöglichkeiten.

Die Transportkosten sind ein Aspekt, auf den sich die Neugestaltung europäischer Distributionsnetzwerke in den meisten Fällen negativ auswirkt. Die tendenzielle Steigerung der Transportkosten wird aber meistens von den Einsparungen im Lager und insbesondere im Bestandsbereich deutlich überkompensiert. Häufig ist es so, dass im Rahmen der Neugestaltung eines europäischen Distributionsnetzwerkes gleichzeitig Maßnahmen z. B. eine Neuausschreibung der Transporte in Verbindung mit einer deutlichen Reduzierung der Dienstleisteranzahl, angestoßen werden, die zur Optimierung der Transportströme und Kosten führen, sodass eine Erhöhung der Transportkosten vermieden werden kann.

Typische Hypothesen im Bereich Transport und Verpackung sind:

- 70 Prozent der Transportkosten entfallen auf die Feinverteilung, die von bestandslosen Umschlagspunkten aus erfolgt. Daher hat die Neugestaltung der europäischen Lagerstruktur ausschließlich Auswirkungen auf die Hauptläufe zu diesen Umschlagspunkten, die etwa 30 Prozent der Transportkosten ausmachen.

- Bei einer Lieferzeit von 24 Stunden (Kunde bestellt, Kunde erhält) dürfen maximal 600 km zwischen Lager und Anlieferpunkt liegen.

- Eine flächendeckende Belieferung der Schweiz mit einem Lieferservice von 24 Stunden ist nur aus einem grenznahen Bereich möglich. Eine Belieferung aus München ist bereits kritisch auf Grund der Schließung der Schweizer Grenze.

Die Warenrücknahme und die zunehmende Bedeutung des Recycling führen zu einem Warenstrom, der dem Hauptstrom vom Lieferanten zum Kunden entgegengesetzt ist. Kritisch wird dieser Warenstrom dann, wenn erwartet wird, dass das anliefernde Fahrzeug auch Ware mit zurücknimmt.

Die Anzahl der Hypothesen kann beliebig verlängert werden. Daneben gibt es, wenn zum Beispiel Gefahrgut ins Spiel kommt, weitere Kategorien, für die Hypothesen erarbeitet werden sollten.

Die gezielten Überprüfungen von Hypothesen, die zu Beginn eines Projektes aufgestellt und intensiv diskutiert worden sind, sind der entscheidende Schlüssel für die Fokussierung der eigentlichen Analyse. Das Hypothesengebäude muss so weit entwickelt werden, dass die gesamte Datenaufnahme weitgehend dazu dient, die entwickelten Hypothesen zu bestätigen oder zu verwerfen.

Typische Hypothesen im Bereich Lagerstruktur:

- Die Belieferung der Schweiz kann aus einem Lager erfolgen, das in der Nähe der Schweizer Grenze liegt. Die Schließung eines eigenen Schweizer Lagers reduziert die Logistikkosten für die Schweiz um acht Prozent.

- Zentraleuropa kann durch ein Lager beliefert werden, das südlich von Aachen liegt. Mit der Sanierung eines Lagers an diesem Standort können Lager in den Niederlanden, Belgien, zwei Lager in Deutschland, Frankreich, Österreich und der Schweiz geschlossen werden. Hierdurch lassen sich die Bestände um 25 Prozent und die Lagerkosten um 15 Prozent senken.

- Die Transportkosten steigen insgesamt um weniger als fünf Prozent. Die Ware wird von Produktionsanlagen geliefert und an bestandslosen Umschlagspunkten konsolidiert. Hier durch lassen sich 11 Prozent Logistikkosten sparen.

Typische Hypothesen im Bereich Warenrücknahme und Recycling:

- Die Rückführung von Ware erfolgt über eine getrennte Logistikschiene, die keinen Einfluss auf die Belieferung mit neuer Ware hat.

- Die zurückgeführte Ware geht einer gesonderten Verwertung zu und wird nicht mehr zusammen mit neuer Ware ausgeliefert.

Den vierten und letzten Schwerpunkt zur logistischen Ausgangssituation bilden die *Daten für Ausschreibungen*. Sie beziehen sich auf folgende Bereiche: Kosten, Materialfluss, Auftragsbearbeitung, Bestände und Bestandsplanung, Lager und Lagerhaltung sowie Sendungsstruktur und Transportart.

Es soll nur am Beispiel der Bestände gezeigt werden, worauf der Fokus bei der Datenerhebung gelegt werden muss.

Hierbei gilt es zu verstehen, wie national bzw. international das Produktspektrum ausgerichtet ist. Liegt ein internationales Produktspektrum vor, so ermöglicht eine Lagerkonsolidierung nicht nur Synergien bei der Kommissionierung, sondern auch in der eigentlichen Lagerung, da insgesamt weniger Lagerplätze benötigt werden.

Häufig ist festzustellen, dass die Produkte nationalen Eigenheiten angepasst sind. Sei es, dass im Bereich der Nahrungsmittel nationale Geschmacksbesonderheiten berücksichtigt werden oder sei es, dass nationale Verordnungen oder andere rechtliche Vorschriften eingehalten werden müssen.

Wenn das eigentliche Produkt noch gleich ist, zeigen sich häufig Unterschiede in der Verpackung oder in der Sprache. Auch hier haben Unternehmen in vielen Fällen durch mehrsprachige Verpackungen, einheitliche Produktbezeichnungen und ein europäisch koordiniertes Marketing einen bedeutenden Schritt zur Reduzierung der Komplexität in der Distributionslogistik, aber auch in der Planung und Produktion, getan.

Abweichungen können auch bei Umverpackungen auftreten. Hierbei ist dann zu prüfen, ob die Verpackung vor der Lagerung erfolgen muss oder ob es möglich ist, die Umverpackung mit ggf. nationalen Besonderheiten hinter die eigentliche Lagerung zu legen. Das hat den Vorteil, dass die Wahrscheinlichkeit, dass ein Artikel verfügbar ist, deutlich steigt, da die Anzahl der Artikel, die geplant und disponiert werden müssen, auf diese Weise wesentlich reduziert wird. Teilweise wird dieser Ansatz auch für die Verpackung versucht und nicht nur für die Umverpackung.

Ferner ist zu klären, ob eine differenzierte Behandlung möglich und sinnvoll erscheint.

Dabei können verschiedene Formen der Differenzierung auftreten. Sei es, dass beispielsweise Ersatzteile anders gehandhabt werden als Serienteile, oder, dass eine ABC-Analyse nach Absatz- (nicht Umsatz-)häufigkeit oder ABC/XYZ (Absatzhäufigkeit und Konstanz des Absatzes)-Unterscheidung vorgenommen werden kann. Zielsetzung ist auch hier, so wenig Artikel wie möglich in der Fläche zu lagern und so viele wie möglich zentral.

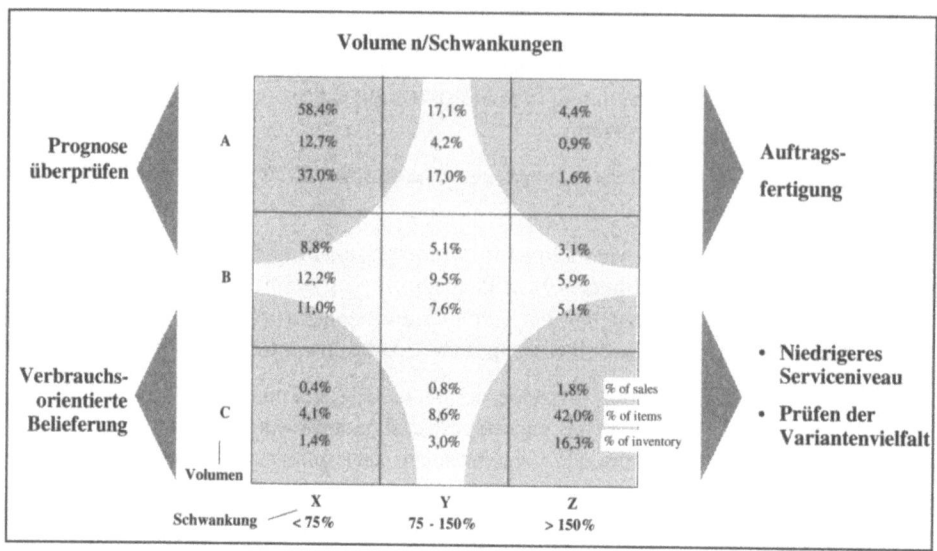

Abbildung 26: ABC/XYZ-Analyse

Entwicklung von Netzwerkalternativen

Vor einer umfassenden Kalkulation eines europäischen Distributionsnetzwerkes ist es sehr zweckmäßig, alternative Entwürfe europäischer Distributionsnetzwerke zu entwickeln, die als Grundlage das Geschäftsverständnis und die Lieferserviceanforderungen haben.

Häufig wird die Frage gestellt, warum es sinnvoll ist, dieses Vorgehen zu wählen und nicht direkt ein voll durchkalkuliertes Netzwerk erarbeiten zu lassen, das idealerweise direkt das Ergebnis eines EDV-basierten Netzwerkoptimierungstools ist.

Letztlich benötigt auch ein Netzwerkoptimierungstool umfangreiche Vorgaben von Randbedingungen für die Optimierung. Dies entspricht bereits den Netzwerkalternativen, für deren Entwicklung nachfolgend ein Vorgehen beschrieben wird. Ein Planungstool löst im Allgemeinen nur Feinplanungsaufgaben, nicht aber die strategischen Fragestellungen.

In vielen Fällen sind die Rahmenparameter so eindeutig, dass die eigentliche Kalkulation nur noch dazu dient, die Kosteneinsparungen und notwendigen Investitionen zu errechnen und weniger dazu, das neue Distributionsnetzwerk zu entwickeln. Ferner lassen sich strategische Optionen bereits umfassend an einem ersten Entwurf besprechen, bei dem alle Auswirkungen von bestimmten Anforderungen deutlich werden, ohne dass jedes Mal der Aufwand für eine vollständige Kalkulation betrieben werden muss. Das Vorgehen ist also einfach effizienter. Für die Entwicklung eines solchen ersten Entwurfes für ein europäisches Distributionsnetzwerk hat sich ein Vorgehen mit insgesamt acht Schritten bewährt:

1. Produktionsstruktur und Lieferschwerpunkte
2. Lieferserviceanforderungen
3. Produktstruktur
4. Sendungsstruktur
5. Nationale Besonderheiten
6. Dienstleisterangebot
7. Lagerstruktur
8. Bestandszuordnung

Bei diesem Vorgehen handelt es sich um einen iterativen Prozess, den man am besten in einem kleinen funktionsübergreifenden Team durchführt.

Produktionsstruktur und Lieferschwerpunkte

Im ersten Schritt werden die Produktionsstandorte in eine Europakarte eingetragen und die Absatzschwerpunkte des betrachteten Unternehmens ermittelt.

Hierbei ist darauf zu achten, insbesondere dann wenn eher ein kleiner Kundenstamm beliefert wird, dass die Liefer- und nicht die Rechnungsanschriften ausgewertet werden.

Lieferserviceanforderungen

Eigentlicher Ausgangspunkt aller Überlegungen müssen die Kundenanforderungen sein. Wie bereits beschrieben muss innerhalb des Managements ein gemeinsames Verständnis darüber erzielt werden, welches Lieferserviceniveau ein Unternehmen am europäischen Markt anbieten möchte. Dies ist eine Entscheidung von hoher strategischer Bedeutung.

Informationen über den bisherigen Lieferservice, Kundenwünsche, Vorstellungen des Vertriebs oder Vorgaben des Wettbewerbs sind selbstverständlich wichtige Ausgangspunkte für die Diskussion. Sie können einem Unternehmen aber die Entscheidung über das angestrebte Serviceprofil nicht abnehmen. Die Bedeutung dieser Entscheidung liegt neben der vertrieblichen Bedeutung in den erheblichen Auswirkungen auf die Gestaltung eines europäischen Distributionsnetzwerkes. Ein Distributionsnetzwerk, das für eine Lieferzeit von 24 Stunden ausgelegt ist, ist anders gestaltet als ein europäisches Distributionsnetzwerk, bei dem zwischen Kundenbestellung und Auslieferung an den Kunden 48 Stunden vorgesehen sind.

Besonders dann, wenn in einer logistischen Region deutlich unterschiedliche Lieferserviceniveaus bestehen, da historisch gewachsene unterschiedliche Netzwerkstrukturen vorliegen, muss ein Unternehmen festlegen, wie es sich in dieser Frage zukünftig positionieren möchte. Es ist in Einzelfällen beispielsweise zu beobachten, dass Kunden sich an Lieferungen am selben Tag gewöhnt haben, deshalb, weil ein nahe gelegenes Lager eine kurzfristige Auslieferung ermöglicht hat, ohne dass dieses von der Unternehmensleitung angestrebt worden ist.

Ein weiterer Punkt, der im Zusammenhang mit Kundenservice zu Beginn der Konzept-phase geklärt werden muss, sind sämtliche Aspekte des zusätzlichen Lieferservice. Fra-gen zur Etikettierung, zu kundenspezifischen Verpackungen, zu Besonderheiten bei der Anlieferung (zum Beispiel Regalservice) oder zu vergleichbaren Besonderheiten sind zu beantworten. Es hat sich beispielsweise bei Unternehmen, die ihren eigenen Fuhrpark fremd vergeben haben, herausgestellt, dass die Fahrer eine Vielzahl von Serviceleistun-gen beim Kunden erbracht haben, ohne dass dieser Umstand in seinem vollen Umfang beim Vertrieb bzw. bei der Logistik bekannt gewesen wäre. Entsprechend aufwendig waren die anschließenden Diskussionen mit dem neuen Dienstleister, der selbstverständ-lich die nun vom Kunden erwarteten Serviceleistungen angemessen vergütet haben woll-te, ohne dass eine vollständige Verrechnung an den Kunden möglich gewesen wäre.

Ferner ist im Rahmen dieser Diskussion zu klären, ob ein Unternehmen ein europäisches Distributionsnetzwerk gestalten muss oder mehrere, parallele Lieferketten, die sich auf heterogenen Kundenanforderungen gründen. Immer dann, wenn die Diskussionen um die Lieferserviceanforderungen in Verbindung mit Informationen über die Sendungsstruktur eine Situation ergibt, in der völlig unterschiedliche Anforderungsprofile zu finden sind, tut man sich bei der Neugestaltung der europäischen Distributionslogistik sehr viel leichter, wenn man von vorneherein gedanklich parallele Distributionsnetzwerke entwi-ckelt, ohne dabei selbstverständlich Synergien zwischen diesen Netzwerken aus dem Auge zu verlieren.

Wählt man dieses Vorgehen, so ergeben sich häufig auch neue Aspekte im Hinblick auf die Fremdvergabe logistischer Dienstleistungen. Lieferketten mit besonderen Lieferservi-ceanforderungen, die nur für einen geringen Anteil des Umsatzes notwendig sind, werden vielfach sinnvollerweise vollständig fremd vergeben.

Die Überlegung der parallelen Lieferketten kann auch Auswirkungen auf die Preis-gestaltung haben. Distributionslogistik wird in zunehmendem Maße nicht nur als die Auslieferung eines Produktes verstanden, sondern als ein entscheidender Produktbe-standteil: Wenn ein und dasselbe Gut über verschiedene Lieferketten mit unterschiedli-chem Serviceniveau zum Kunden gelangt, dann handelt es sich auch um unterschiedliche Produkte, die einen unterschiedlichen Preis haben.

Eng mit der Frage des Lieferservice bzw. Lieferzeit verbunden ist die Gestaltung der Auftragsbearbeitung: Die Lieferzeit wird gerne mit der Zeit verwechselt, die für den Transport von Gütern vom Lager zum Kunden zur Verfügung steht. Die Lieferzeit wird jedoch definiert als der Zeitraum zwischen Kundenbestellung und Auslieferung. Dies bedeutet, dass sowohl die Zeit, die für die Auftragsbearbeitung benötigt wird, als auch die Zeit, die für die Kommissionierung und Verpackung eingerechnet werden muss, in die Lieferzeit fallen. Je kürzer die Auftragsbearbeitung und Kommissionierung bewerkstelligt werden können, umso größer wird bei gleicher Lieferzeit der Radius, den ein Lager abdecken kann.

Für die Auftragsbearbeitung sollten für die Teile, die auf dem „kritischen Pfad" liegen, nicht mehr als zwei Stunden für die Auftragsbearbeitung eingeplant werden. Hierbei handelt es sich um Teile, für die ein Auftrag spät eingeht und die über eine große Distanz transportiert werden müssen. Für die Kommissionierung und Verpackung solcher kritischen Teile sollten ebenfalls nicht mehr als zwei Stunden geplant werden, was bedeutet, dass eine Bestellung, die um 13:00 Uhr eingeht, spätestens 17:00 Uhr auf den LKW verladen sein muss. Selbstverständlich steht damit im Durchschnitt für diese Tätigkeiten mehr Zeit als notwendig zur Verfügung, da nicht alle Aufträge kurz vor Auftragsschluss eingehen.

Wenn die Kunden von Unternehmen Lieferzeitverkürzungen fordern, zeigen sich die Unternehmen gern bereit, erhebliche Summen in die Errichtung neuer Lager zu investieren. Oft ist es jedoch wirtschaftlicher, die Prozesskette von Auftragsannahme bis Verladung auf Verbesserungsmöglichkeiten bei der Durchlaufzeit hin zu prüfen.

Für die Entwicklung des ersten Entwurfes eines europäischen Distributionsnetzwerkes bedeutet dieses, dass die mögliche Lieferradien in eine Europakarte eingetragen werden, so lange bis die vollständige Abdeckung in Europa erreicht ist. Bei 24 Stunden Lieferserviceanforderungen können 600 km bis 800 km unterstellt werden. Zu berücksichtigen sind selbstverständlich die Möglichkeiten des Nachtsprungs, Wartezeiten an Grenzen oder an typischen Verkehrsengpässen wie z. B. dem Gotthardtunnel.

Produktstruktur

Im Zusammenhang mit der *Produktstruktur* sind einige grundlegende Entscheidungen im Rahmen der Netzwerkentwicklung zu treffen, die teilweise erheblichen Einfluss auf die zukünftige Gestalt eines Produktionsnetzwerkes haben. Es werden an dieser Stelle Entscheidungen getroffen, die wiederum nicht allein von der Logistik oder einer anderen Funktion getroffen werden können, sondern nur vom Management, das für das Gesamtgeschäft verantwortlich ist: Können Produkte differenziert behandelt werden?

Bei dieser Frage handelt es sich um einer der Grundfragen, die als Vorgaben benötigt werden. Die Möglichkeit der differenzierten Behandlung von Produkten erlaubt deutlich schlankere Distributionsnetzwerke. Hierbei muss das Management klären, ob grundsätzlich bestimmte Produktgruppen, die klar abgrenzbar sein müssen, z. B. Ersatzteile, bewusst anders behandelt werden dürfen als die Produkte, die die wichtigen Absatzträger sind.

Aus logistischer Sicht ist ferner die Reduzierung der Produkt- und Variantenvielfalt ein wichtiger Faktor, der aber deutlich über den Fokus dieses Buches hinaus geht.

Sendungsstruktur

Wenn die Produktionsstandorte und die wichtigen Absatzgebiete klar sind und damit Quellen und Senken für ein Distributionsnetzwerk, wenn ein Unternehmen geklärt hat, mit welchem Serviceniveau es den Markt bedienen muss, und wenn ferner geklärt ist, ob eine Differenzierung der Produkte durchgeführt werden soll, dann zeichnet sich bereits ein sehr deutliches Bild des Distributionsnetzwerkes ab.

Es besteht jetzt bereits die Möglichkeit, eine erste Skizze eines Distributionsnetzwerkes zu erstellen, aus der deutlich wird, wie viele Standorte mindestens benötigt werden, um Europa in den Lieferzeitanforderungen zu beliefern.

Insbesondere wenn die Lieferzeitanforderungen moderat sind, stellt sich die Frage nach der Sendungsstruktur und danach, ob Direktbelieferungen ab Werk möglich sind und nicht auf ein Distributionsnetzwerk mit in der Fläche liegenden Distributionslagern vollständig verzichtet werden kann. Wenn nicht für das gesamte Produktsortiment oder für alle Kunden, so doch für besonders voluminöse Produkte und ausgewählte Kunden.

Wie bereits zuvor beschrieben gilt jedoch die Regel:

„One order, one delivery, one invoice"

Dieses bedeutet nichts anderes, als dass ein Kunde die Waren, die zu einer Bestellung gehören, in einer Lieferung erhalten möchte und dass er dafür auch nur eine Rechnung bekommen möchte.

Welchen Einfluss hat dies nun auf die Gestaltung eines europäischen Distributionsnetzwerkes? Führt man sich vor Augen, dass die Produktionsstrukturen immer europäischer ausgerichtet werden und dass die Fabriken damit nicht mehr das gesamte Sortiment eines Unternehmens fertigen, sondern nur einen Ausschnitt, so besteht die Notwendigkeit, die Waren einer Bestellung, wenn sie aus mehreren europäischen Fabriken stammen, vor der Lieferung zum Kunden an einer Stelle zusammenzuführen, um die o. g. Regel „One order, one delivery, one invoice" zu erfüllen.

Wenn es jedoch gelingt, zusammen mit dem Kunden eine Form der Zusammenarbeit zu finden, bei der der Kunde entweder mit Teillieferungen leben kann oder fabrikbezogene Bestellungen erstellen kann, so besteht die Notwendigkeit der Zusammenführung der Waren aus unterschiedlichen Fabriken nicht mehr. Damit wären Direktbelieferungen möglich, die insbesondere bei voluminösen Produkten anzustreben sind.

Dieser Umstand hat insofern erhebliche Auswirkungen auf die Gestaltung eines Distributionsnetzwerkes, weil damit bei konsequenter Umsetzung ganze Lager- bzw. Umschlagsstandorte nicht mehr benötigt werden.

Nationale Besonderheiten

Nationale Besonderheiten sind dann auch in einem ersten Entwurf zu berücksichtigen, wenn sie sich auf die Lieferzeit auswirken oder einen Umschlag des Produktes erzwingen.

Im Hinblick auf die Lieferzeit sind hier insbesondere die nächtliche Schließung der Schweizer Grenze und die Übergangszeiten an den osteuropäischen Grenzen zu nennen.

Ein aufwendiger Umschlag wird zum einen z. B. bei Eisenbahnen mit Spurwechseln zwischen zwei Ländern notwendig, aber auch dann, wenn sich die maximale Beladungsmenge auf einem LKW signifikant ändert.

Die nationalen Besonderheiten sind ansonsten auch sehr stark produktabhängig.

In der Praxis existiert aus der Historie meist ein großes Paket nationaler Besonderheiten. Einige sind objektiv und kurzfristig nicht zu ändern wie Grenzen und Spurweiten. Andere sind wesentlich einfacher veränderbare Standortfaktoren wie Faktorkosten, Subventionspolitik etc. Letztlich gilt es, auch unterschiedliche Absatzstrukturen in jedem Land zu berücksichtigen.

Dienstleisterangebot

Das Dienstleisterangebot spielt auf der makroskopischen Ebene in Westeuropa eher eine untergeordnete Rolle. Aber wenn Osteuropa mit in die Überlegungen einbezogen werden soll, stellt sich die Frage nach dem Dienstleisterangebot auch im Hinblick auf die Netzwerkgestaltung. Vor allem in Osteuropa kann noch nicht davon ausgegangen werden, dass auf ein Dienstleisterangebot insbesondere im Bereich des Stückguts und Teilladungsverkehrs zurückgegriffen werden kann, wie es heute in Westeuropa als Standard angesehen werden kann.

Dieses bedeutet dann, dass gedanklich zwei Netzwerke aufgesetzt werden müssen, eines für die europäische Distribution und eines für die Regionen, in denen die Feinverteilung auch organisiert werden muss.

Lagerstruktur

Ein weiterer wichtiger Punkt ist die bestehende Lagerstruktur. Die Grüne-Wiese-Situation ist die absolute Ausnahme. Wenn nun alle o. g. Punkte Eingang in die Betrachtungen gefunden haben, zeichnet sich schon ein Bild oder zumindest eine überschaubare Anzahl von relevanten Alternativen für die Ausgestaltung eines europäischen Distributionsnetzwerkes ab.

Berücksichtigt man dann noch, ob in der Nähe der sich abzeichnenden Standorte für Lager bereits heute Lager im Einsatz sind, so ist dies wiederum ein Kriterium, welches die Anzahl der zu berücksichtigen zu detaillierenden Alternativen reduziert.

Bestandszuordnung

Kritisch ist bei europäischen Projekten immer die Frage der Bestandszuordnung und damit eng verbunden auch die Frage der Bestandsverantwortung. Wenn ein Unternehmen die Bestandsverantwortung vollständig nationalen Einheiten übertragen hat, ist eine Optimierung der europäischen Distributionslogistik, die sich deutlich mehr nach Regionen ausrichtet und weniger nach Nationen, schnell zum Scheitern verurteilt, besonders deshalb, weil nationale Vertriebsorganisationen in den meisten Fällen sehr viel Wert auf den direkten Zugriff auf „ihre" Bestände legen.

Das Vorgehen über erste Entwürfe in Verbindung mit einer ersten Kalkulation einer Netzwerkalternative ist ein sehr wichtiges Instrument, um Länderverantwortlichkeiten aufzubrechen und neue Strukturen zu schaffen. Daher ist es auch sehr sinnvoll, die Länderverantwortlichen in nicht sehr zentral geführten Organisationen in diesen iterativen Prozess immer wieder einzubinden.

Kalkulation von Netzwerken

Für die Entscheidung, ob ein europäisches Distributionsnetzwerk neu gestaltet werden soll, werden Aussagen über Kosten und Investitionen benötigt. Die Kostenbetrachtung ist nicht das einzige Entscheidungskriterium, aber noch immer das wichtigste. Nur wenn direkte Kundenanforderungen, beispielsweise kürzere Lieferzeitforderungen, die Neugestaltung eines Netzwerkes erzwingen, spielen Kosten eine untergeordnete Rolle.

Im Rahmen der Ist-Analyse werden die wichtigen Struktur- und Kostendaten wie die Auftragszeilen, Bestände, Transportströme oder Transportraten erhoben und Aussagen über die Trends von Seiten der Entwicklung, Logistik und anderer Funktionen gemacht.

Es zeigt sich aber, dass die o. g. Treiber, Lieferservice und Produktstruktur, sowie wenige Struktur- und Kosteninformationen ausreichen, um einen ersten Entwurf für den Aufbau eines europäischen Distributionsnetzwerkes zu entwickeln. Diese Entwürfe liegen aus unserer Erfahrung häufig sehr nah an der später als Optimum identifizierten und realisierten Lösung.

Die beste Entscheidungsgrundlage bildet die Berechnung des abgezinsten, kumulierten Cash Flow und die Ermittlung des Break-even-Point.

In diesem Zusammenhang soll nicht im Detail auf das Vorgehen bei der Berechnung des abgezinsten, kumulierten Cash Flow eingegangen werden. Vielmehr sollen einige Punkte herausgegriffen werden, die in der Praxis eine Herausforderung darstellen.

Die meisten Kostenblöcke lassen sich vergleichsweise einfach abschätzen, berechnen bzw. über erste Richtangebote ermitteln. Anspruchsvoll ist die Abschätzung der anfallenden Transportkosten. Bei den Transporten verändern sich in der Regel sowohl die Relationen als auch die Sendungsstruktur. Ferner sind Transportkosten nicht nur ladungs- und entfernungsgetrieben, sondern auch in vielen Fällen stark relationsabhängig. Die Relationsabhängigkeit ergibt sich aus den unbalancierten europäischen Transportströmen. So ist z. B. das Transportvolumen in die neuen Bundesländer deutlich größer als das Transportvolumen aus den neuen Bundesländern heraus. Daher haben Spediteure ein erhebliches Problem, Rückfrachten für ihre Fahrzeuge zu bekommen, was sich teilweise sogar erheblich auf die Preissituation auswirkt.

Vergleichbare Effekte, teilweise aus anderen Gründen, ergeben sich bei Häfen und Transporten nach Osteuropa, sodass es problematisch ist, mit einheitlichen Transportraten in Europa zu rechnen. In einer ersten Näherung wird man dies jedoch berücksichtigen.

Bei der Kalkulation sollte insbesondere geprüft werden, ob die Berechnung eine vollständige Abbildung der Ausgangssituation im Modell benötigt oder ob eine zulässige Vereinfachung möglich ist. Gerade dann, wenn Szenarien und Trends bei den Betrachtungen eine große Rolle spielen, da z. B. völlig neue Strategien in der Distribution durchdacht und bewertet werden sollen, ist Vereinfachung geboten. Die Ausgangsdaten, so z. B. Strukturdaten, liegen in strategisch wichtigen Fällen, in denen vollständig neue Szenarien gerechnet werden müssen, als Rohdaten häufig nicht vor.

Netzwerkoptimierung

Liegen nun eine oder wenige alternative Optionen für die Gestaltung eines europäischen Distributionsnetzwerkes vor, so ist zum einen die Detailoptimierung notwendig, zum anderen die detaillierte Ermittlung der Kosteneffekte und der mit dem Vorhaben verbundenen Investitionen. Ferner muss das Konzept gegen alle vom Management vorgegebenen Zielgrößen geprüft werden.

In den meisten Fällen zeigt sich bei auf Hypothesen gestützter Erarbeitung, dass keine vollständige Kalkulation des gesamten Netzwerkes mehr zur Durchführung dieser Aufgabe notwendig ist, sondern dass die Möglichkeit besteht, die Gesamtproblematik auf eine überschaubare Anzahl an Fragestellungen herunterzubrechen, die dann jede für sich angegangen werden können.

An dieser Stelle bereits ein Wort zu EDV-gestützten Netzwerkoptimierungstools, die im vierten Kapitel noch besprochen werden. Netzwerkoptimierungstools setzen eine qualitativ hochwertige und einheitliche Datenbasis voraus, die bei vielen Unternehmen auf europäischer Basis erst geschaffen werden muss. Dieses gilt vor allem dann, wenn die Neugestaltung eines europäischen Distributionsnetzwerkes durch Akquisitionen getrieben wird.

Bei komplexen europäischen Fragestellungen, in die Kundenanforderungen, Fragen der weiteren Unternehmensentwicklung, Aspekte der zukünftigen Produktionsstruktur und die Entwicklung des Produktportfolios massiv hereinspielen, stoßen EDV-gestützte Netzwerkoptimierungstools an ihre Grenzen.

Zu Beginn der Datenerhebung muss daher geklärt werden, in welchem Umfang ein Netzwerkoptimierungstool für die Bewertung von Alternativen und deren Kalkulation eingesetzt werden soll. Wenn dies der Fall ist, wird ein beachtlicher Teil der Datenerhebung durch den spezifischen Bedarf dieses Instruments getrieben. Netzwerkoptimierungstools setzen immer einen 100-prozentigen Ansatz voraus, der im Widerspruch zu dem oben beschriebenen von Hypothesen getriebenen Ansatz steht. Ferner wird, wie bereits ausgeführt, eine Datenqualität benötigt, die in vielen Fällen nicht gegeben ist.

Ein weiterer relevanter Treiber für die Daten, die im Rahmen der Ist-Aufnahme ermittelt werden müssen, können absehbare Ausschreibungen sein. Deshalb müssen bereits bei der Hypothesenbildung Überlegungen angestellt werden, welche Lager und welche Transportumfänge vermutlich am Ende der Konzeptphase auszuschreiben sind. Für diese Umfänge ist dann am Anfang des Projektes zu klären, ob schon alle Daten, die für eine spätere Ausschreibung notwendig sind, direkt im Rahmen der Ist- Aufnahme mit erhoben werden sollen, oder ob bewusst hierauf verzichtet werden soll, um eine schnelle, fokussierte Datenerhebungsphase, die für alle Beteiligten mit erheblichem Aufwand verbunden ist, zu realisieren. Dem erheblichen Vorteil einer schnellen, fokussierten Datenerhebung steht ein nicht zu unterschätzender Nachteil entgegen: Wenn noch einmal nach Abschluss der Konzeptphase Daten erhoben werden müssen, so führt dieses oft zu erheblichen Irritationen in den regionalen Organisationen. Die Irritation hält sich dann in Grenzen, wenn der zusätzliche Datenbedarf eine klare Detaillierung der im Rahmen der Konzepterarbeitung angeforderten Daten darstellt.

Implementierungsplanung

Bei der Implementierungsplanung, deren Ergebnisse neben denen der Netzwerkoptimierung die Grundlage für die entgültige Entscheidung des Managements bilden sollten, ist nicht nur Folgendes zu klären:

- die Frage der Terminplanung, die mit einer detaillierten Beschreibung der zu den verschiedenen Meilensteinen erwarteten Ergebnissen einhergehen muss und
- die Verantwortlichkeiten,

sondern insbesondere auch die benötigten Ressourcen.

Widerstände bestehen dann, wenn Länderverantwortliche nicht in die Konzeptphase umfassend mit einbezogen worden sind, und der Ressourcen- und Zeiteinsatz ist daher dafür vergleichsweise hoch anzusetzen.

Es zeigt sich bei vielen Projekten, dass das Management eine Umsetzung des verabschiedeten Konzeptes dadurch absichern kann, dass es die Neugestaltung eines europäischen

Distributionsnetzwerkes mit der Fremdvergabe von Lagern oder sogar Prozessen verknüpft. In dem Moment, in dem ein Dienstleister vertragliche Ansprüche gegenüber einem Unternehmen hat, kommt ein weiterer Spieler mit ins Boot, der ein erhebliches Eigeninteresse daran hat, dass ein neues Konzept umgesetzt wird.

Es sprechen aber auch andere Gründe für eine umfassende Fremdvergabe.

2.4 Fremdvergabe

Im Rahmen der Neugestaltung europäischer Netzwerke kommt immer die Frage nach der Fremdvergabe, dem Outsourcing, der logistischen Aktivität auf, wenn diese noch nicht weitgehend erfolgt ist.

Die Fremdvergabe logistischer Dienstleistungen wird in allen Branchen betrieben. Fast alle Unternehmen haben sich dafür entschieden, ihre Transporte durch Dienstleistungsunternehmen durchführen zu lassen. Auch ist die Fremdvergabe im Lagerbereich weit fortgeschritten.

Outsourcing bietet erhebliche Vorteile für die flexible Anpassung an geänderte Rahmenbedingungen. Ferner wirkt es sich sehr positiv auf die Vermeidung von Investitionen aus. Außerdem erhoffen sich Führungskräfte von der Fremdvergabe logistischer Dienstleistungen auch zu Recht Effekte auf Kosten und Service.

Im Zusammenhang mit dem Outsourcing logistischer Dienstleistungen können jedoch erhebliche Fehler gemacht werden. Kritisch wird Outsourcing immer dann, wenn Problemfälle durch ein Abschieben zum Dienstleister gelöst werden sollen. Auch muss sichergestellt sein, dass sowohl vor als auch nach der Fremdvergabe eine ausreichende Informationstransparenz gewährleistet ist.

Frühzeitige Kommunikation zwischen Outsourcer, Dienstleister, Mitarbeiter und Kunden vermeidet Startschwierigkeiten bei der Fremdvergabe.

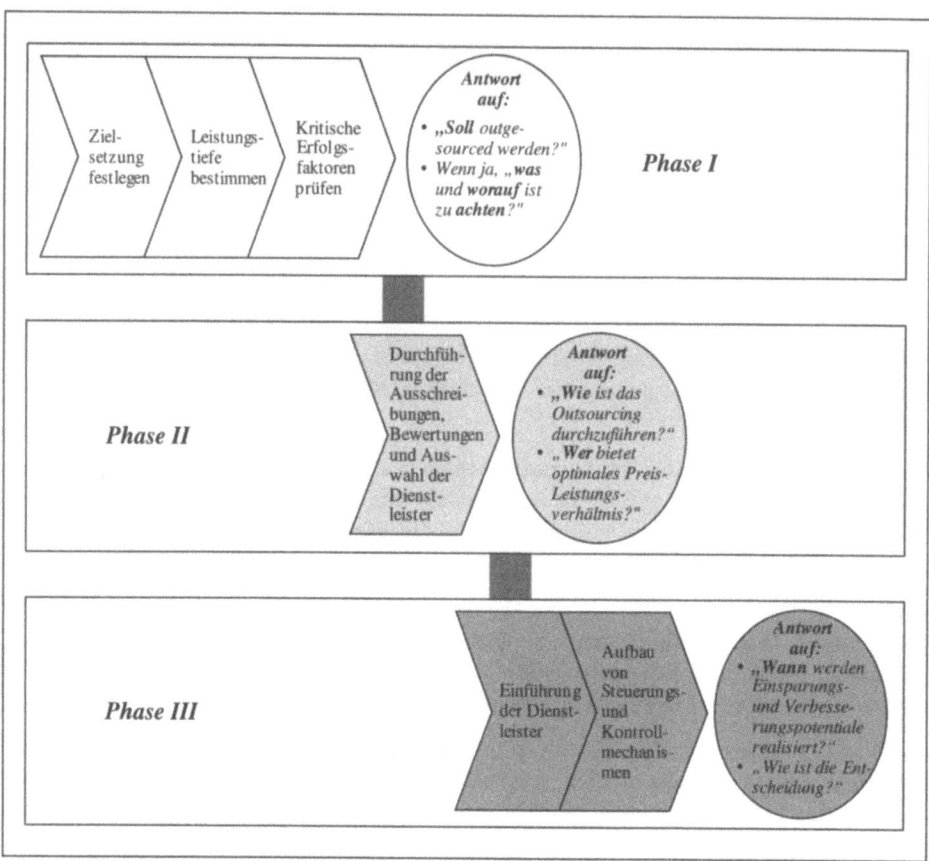

Abbildung 27: Richtiges Outsourcing erfolgt in drei Phasen

Richtiges Outsourcing muss drei Phasen durchlaufen. In der ersten Phase gilt es, die Frage zu beantworten, was outgesourced werden soll und worauf zu achten ist. Im Rahmen der ersten Phase sind die Zielsetzungen festzulegen, die Leistungstiefe ist zu bestimmen und kritische Erfolgsfaktoren sind zu prüfen.

Innerhalb der zweiten Phase muss geklärt werden, wie das Outsourcing durchgeführt werden soll und welcher Dienstleister das optimale Preis-Leistungs-Verhältnis bietet.

Im Verlauf der dritten Phase erfolgen die Einführung des Dienstleisters und der Aufbau von Steuerungs- und Kontrollmechanismen.

Dem Management eines Unternehmens müssen die Ziele des Outsourcing deutlich sein.

Neben den operativen sind es die strategischen Ziele, die durch das Outsourcing realisiert werden sollen. Dienstleister bieten häufig Kostenvorteile allein auf Grund ihres niedrigeren Lohnniveaus an. Ferner sind sie häufig in der Lage, eine erhebliche Effizienzsteigerung im Zuge einer Fremdvergabe zu realisieren, da Logistik die Kernkompetenz von Logistikdienstleistern ist und sie über spezifisches Know-how, Instrumente und technische Methoden verfügen, die eine effiziente Prozessgestaltung ermöglichen.

Zudem sind Synergien zwischen dem Basisgeschäft des Dienstleisters und dem zu vergebenen Distributionsnetzwerk nicht nur möglich, sondern auch mittelfristig der Hebel zur nachhaltigen Verringerung der Kosten.

Strategisch besonders wichtig für ein Unternehmen ist jedoch die Fokussierung von Investitionen, die Konzentration auf das eigene Kerngeschäft und die Flexibilisierung der logistischen Kapazitäten. Diese Punkte schaffen Wettbewerbsvorteile.

Im nächsten Schritt ist die Frage der eigenen Leistungstiefe zu klären. In westeuropäischen Ländern kann die Leistungstiefe stark reduziert werden, da es ein entwickeltes Dienstleistungsumfeld gibt. So können Transporte und Lager an Komponentenanbieter fremd vergeben werden. Sollen neben den Lager- und Transportleistungen auch die Abfertigung, die Disposition oder die Systeme fremd vergeben werden, so bieten sich Systemanbieter an. Im eigenen Unternehmen sollten in jedem Fall die Entwicklung der Logistik-Strategie sowie die Steuerung des europäischen Distributionsnetzwerkes und das Controlling verbleiben.

Vier kritische Erfolgsfaktoren sind entscheidend und müssten im Vorfeld geprüft werden:

*   Machbarkeit
*   Abhängigkeit
*   Koordinationsaufwand
*   Kontrollmechanismen

Erstens muss geprüft werden, ob kompetente Dienstleister mit erforderlicher Kapazität kurzfristig am Markt verfügbar sind. Ferner muss untersucht werden, ob die notwendige Personalauslagerung juristisch möglich ist. Dies setzt sowohl eine juristische Prüfung als auch ein Verständnis des lokalen Arbeitsmarktes voraus. Letztlich muss die Zielrealisation Gegenstand der Überlegungen sein.

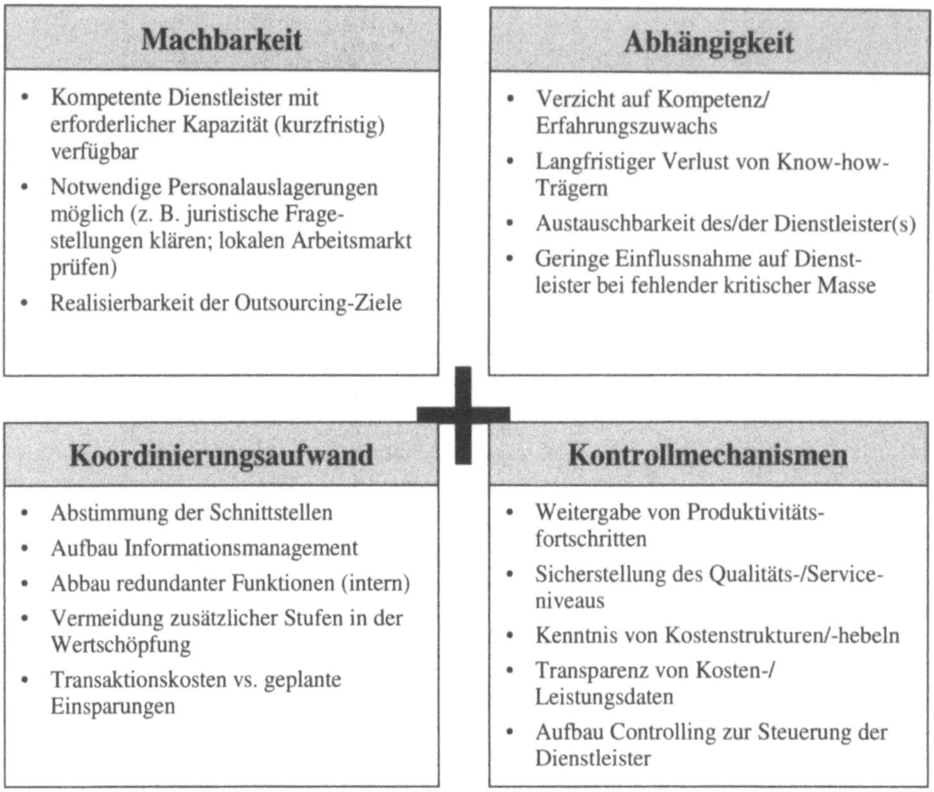

Machbarkeit	Abhängigkeit
• Kompetente Dienstleister mit erforderlicher Kapazität (kurzfristig) verfügbar • Notwendige Personalauslagerungen möglich (z. B. juristische Fragestellungen klären; lokalen Arbeitsmarkt prüfen) • Realisierbarkeit der Outsourcing-Ziele	• Verzicht auf Kompetenz/ Erfahrungszuwachs • Langfristiger Verlust von Know-how-Trägern • Austauschbarkeit des/der Dienstleister(s) • Geringe Einflussnahme auf Dienstleister bei fehlender kritischer Masse
Koordinierungsaufwand	**Kontrollmechanismen**
• Abstimmung der Schnittstellen • Aufbau Informationsmanagement • Abbau redundanter Funktionen (intern) • Vermeidung zusätzlicher Stufen in der Wertschöpfung • Transaktionskosten vs. geplante Einsparungen	• Weitergabe von Produktivitätsfortschritten • Sicherstellung des Qualitäts-/Serviceniveaus • Kenntnis von Kostenstrukturen/-hebeln • Transparenz von Kosten-/Leistungsdaten • Aufbau Controlling zur Steuerung der Dienstleister

Abbildung 28: Erfolgsfaktoren

Es ist um jeden Preis zu vermeiden, dass ein Unternehmen von seinen Dienstleistern abhängig wird. Der Verlust von Kompetenz und Erfahrungszuwachs ist eine große Gefahr. Ferner muss davon ausgegangen werden, dass es mittel- und langfristig immer zum Verlust von eigenen Know-how-Trägern in den fremd vergebenen Bereichen kommen wird. Daher ist auf die Austauschbarkeit der Dienstleister, die für logistische Aufgaben eingesetzt werden, zu achten. Auch sollte ein zu geringer Einfluss auf den Dienstleister auf Grund fehlender kritischer Masse vermieden werden.

Einen weiteren Erfolgsfaktor bildet die Koordination. Die Fremdvergabe soll so gestaltet sein, dass ein ausreichendes Informationsmanagement gewährleistet ist. Außerdem ist sicherzustellen, dass durch den Aufbau redundanter Funktionen zusätzliche Stufen in der Wertschöpfungskette vermieden werden.

Zu beantwortende Fragen:

1.	**Zusammenstellung** **a) Abwicklungsressource** **b) Lager- und Transportdaten**	• *Benötigte Daten* • *Struktur des Fragebogens*
2.	**Vorbereitung Ausschreibung**	• *Elemente der Ausschreibung* • *Konzept der Anfrage* • *Grobpflichtenheft*
3.	**Identifizierung der Dienstleister** **(1. Prospekt)**	• *Auswahlkriterien* • *Informationsquelle*
4.	**Auswertung/Vorauswahl**	• *Bewertungskriterien*
5.	**Bestimmung** **Leistungsanforderungen** **(2. Prospekt)**	• *Selektionskriterien* • *Feinpflichtenheft*
6.	**Angebotserstellung/** **Zwischeninformation**	• *Datenbedarf*
7.	**Auswertung/Verhandlung** **„1. Runde"**	• *Verhandlungsstrategie* • *Dokumente*
8.	**Detaillierung/Verhandlung** **„2. Runde"**	• *Zuverlässigkeit des Angebots* • *Schnittstellenfestlegung*
9.	**Auswahl des Partners,** **Klärung der Verträge,** **Planung der Übergabe**	• *Vertragselemente*

Abbildung 29: Neun Schritte zur Fremdvergabe

Eine erfolgreiche Fremdvergabe setzt den Aufbau ausreichender Kontrollmechanismen voraus. So müssen Fortschritte in der Produktivität weitergegeben werden, um die Absicherung des Qualitäts- und Serviceniveaus zu gewährleisten. Dazu muss man die Kostenstruktur und -hebel kennen. Eine Fremdvergabe lässt sich nur langfristig erfolgreich gestalten, wenn die Transparenz von Kosten und Leistungsdaten gegeben ist und ein Controlling zur Steuerung der Dienstleister durchgeführt wird.

Die Leistungsanforderungen, Anbieter und Angebote müssen detailliert aufeinander abgestimmt werden. Die eigentliche Fremdvergabe erfolgt in neun Schritten.

Die Flexibilität und Stabilität des Dienstleisters und seine Ausrichtung auf die Kundenbedürfnisse sind neben dem Preis Schlüsselfaktoren bei der Auswahl eines Dienstleistungspartners.

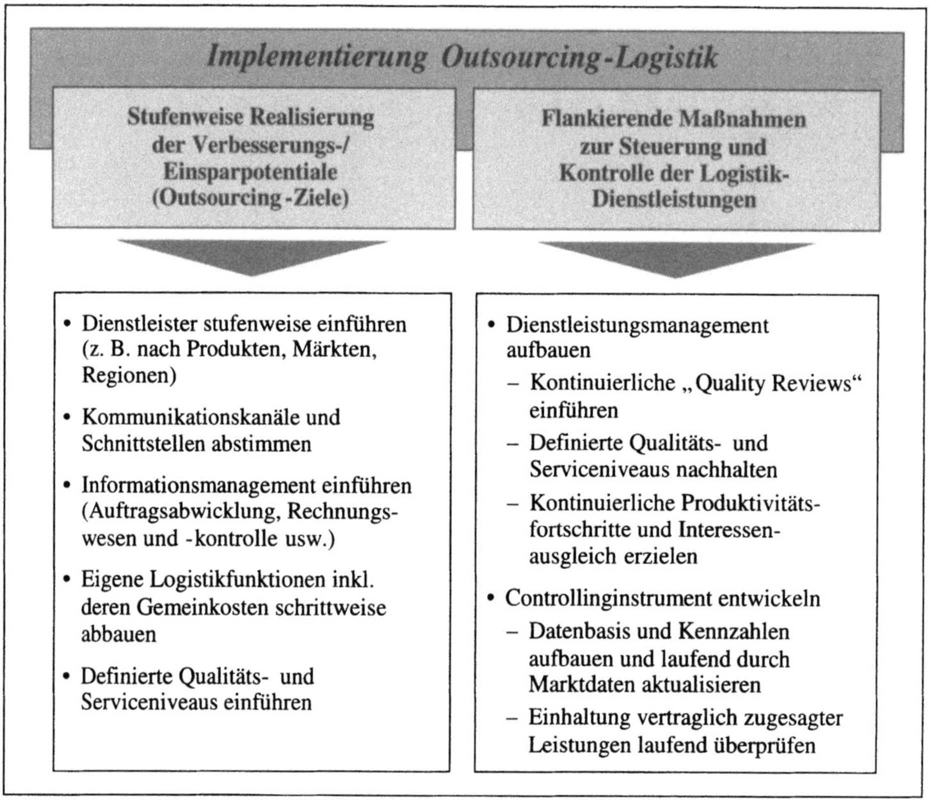

Implementierung Outsourcing-Logistik

Stufenweise Realisierung der Verbesserungs-/ Einsparpotentiale (Outsourcing-Ziele)	Flankierende Maßnahmen zur Steuerung und Kontrolle der Logistik-Dienstleistungen
• Dienstleister stufenweise einführen (z. B. nach Produkten, Märkten, Regionen) • Kommunikationskanäle und Schnittstellen abstimmen • Informationsmanagement einführen (Auftragsabwicklung, Rechnungswesen und -kontrolle usw.) • Eigene Logistikfunktionen inkl. deren Gemeinkosten schrittweise abbauen • Definierte Qualitäts- und Serviceniveaus einführen	• Dienstleistungsmanagement aufbauen – Kontinuierliche „Quality Reviews" einführen – Definierte Qualitäts- und Serviceniveaus nachhalten – Kontinuierliche Produktivitätsfortschritte und Interessenausgleich erzielen • Controllinginstrument entwickeln – Datenbasis und Kennzahlen aufbauen und laufend durch Marktdaten aktualisieren – Einhaltung vertraglich zugesagter Leistungen laufend überprüfen

Abbildung 30: Implementierung Outsourcing-Logistik

Die Vergütung muss die Leistung und die Kostenstruktur eines Dienstleisters widerspiegeln. So interessiert es beispielsweise einen Verlag weniger, wie viel Quadratmeter Lagerfläche ihm zur Verfügung gestellt werden oder wie viele Mitarbeiter in einem Lager arbeiten. Aus Sicht des Verlages ist eigentlich nur interessant, wie viele Bücher gelagert und wie viele Bücher kommissioniert und ausgeliefert werden. Entscheidend für die Gestaltung eines solchen Abrechnungssystems ist die Identifikation von Leistungen, die auf der einen Seite vom Kunden wahrgenommen werden, und die auf der anderen Seite Kostentreiber aus Sicht des Dienstleisters darstellen. In Verbindung mit einer Preisindexklausel kann ein solches Vergütungssystem über einen längeren Zeitraum, auch bei Strukturveränderungen, ohne Anpassungen eingesetzt werden.

Schwerpunkt der dritten Phase ist die Realisierung des Verbesserungspotentials und die Einführung von Steuerungsmechanismen.

Die Minimierung und klare Definition von Schnittstellen sowie das Vertrauen in den Dienstleistungspartner sind die wichtigsten Erfolgsfaktoren für eine Fremdvergabe der eigenen Logistik. Hinzu kommen genügend Kontrollmechanismen, ausreichender Gestaltungsspielraum für den Partner, klare Kommunikationsregeln und eine faire Vertragsgestaltung.

3. EDV gestützte Netzwerkoptimierung

„Den Phantasievollen quälen die Möglichkeiten."

Hans Arndt

3.1 Netzwerksimulation

Die Idee des Supply Chain Management fordert, Optimierungsmaßnahmen nicht länger auf einzelne Teile der Supply Chain zu beschränken, sondern die Supply Chain als Ganzes zu betrachten und Optimierungsmaßnahmen übergreifend auf alle beteiligten Organisationen auszuweiten. Die konzeptionelle Grundlage für diese ganzheitliche Betrachtungsweise liefert die Systemtheorie. Unternehmen müssen sich zukünftig als Subsysteme einer Supply Chain verstehen. Die systemtheoretische Betrachtung einer Supply Chain bietet die Möglichkeit, die interdependenten Wechselwirkungen der Systemelemente untereinander und das gesamte System in seiner Komplexität und seinen Beziehungen zur Umwelt besser beurteilen zu können.

Die Wechselwirkungen zwischen den Elementen einer Supply Chain können dazu führen, dass es bei Eingriffen in bestehende Supply Chain-Systeme oder bei der Planung neuer Systeme zu Zielkonflikten kommt. Die Vermeidung dieser Konflikte erfordert eine genaue Betrachtung von Trade-offs zwischen Zielgrößen der Supply Chains. Zur Durchführung einer Trade-off-Analyse bedarf es neben dem Verständnis der Interdependenzen zwischen den Elementen einer Supply Chain geeigneter Hilfsmittel zur Abbildung einer Supply Chain mit der Möglichkeit einer Bewertung.

Die gewonnenen Erkenntnisse einer systemtheoretisch basierten Betrachtung einer Supply Chain ermöglichen die Bildung eines Modells, das zum einen die Beobachtungen erklärt und zum anderen Voraussagen über das zukünftige Verhalten des Systems erlaubt.

Notwendig wird eine Systemabbildung in Form eines Modells sowohl durch die Komplexität der Strukturen, die es verhindern, ein System gedanklich zu erfassen und zu analysieren, als auch dadurch, dass eine unmittelbare Beobachtung des Systems häufig unmöglich ist. Es ist ebenfalls sinnvoll, Hypothesen, denen Systemmodifikationen zu Grunde liegen, anhand von Systemsurrogaten zu überprüfen, wenn die Veränderung des existierenden Systems zu kostspielig oder gefährlich ist. Gleichermaßen sollte beim Aufbau neuer Systeme der Realisierung eine Systemabbildung vorausgehen.

3.2 Modelle und Simulationen als Werkzeuge für das Supply Chain-Management

Bei der Untersuchung komplexer Systeme wie einer Supply Chain geraten analytisch-mathematische Modelle auf Grund der Vielzahl von systemabhängigen Variablen und der zur Berechnung benötigten Daten häufig an ihre Grenzen. Mit Hilfe der Simulationstechnik gelingt es, solche komplexen Systeme jedoch in Modellen abzubilden, um diese entsprechend der geplanten Ziele zu untersuchen.

Wenn nun das Hauptproblem die Abweichung der Nachfrage, die Verlässlichkeit der Zulieferer, die Qualität der eingehenden Materialien oder irgendeine andere Störung des Systems ist, wird in diesem Fall Optimierung nicht zum Ziel führen. Gegenwärtig basieren noch viele Hilfsmittel, auf traditionellen mathematischen Formeln, die jedoch nicht die Abweichungen in Betracht ziehen. Simulationen bieten gerade hier eine gute Möglichkeit, Supply Chains zu analysieren, da sie die Fähigkeit besitzen, mit dieser Variabilität umgehen zu können.

Auf Grund der Elimination potentieller Fehler mit Hilfe des Gebrauchs von Simulationssoftware können Unternehmen Geld und Zeit sparen und gleichzeitig sicherstellen, dass ihre Prozesse in effizienter Weise gestaltet werden. Jährlich rund fünf Milliarden Euro Einsparungen prognostizieren Studien der Industrie, Handel und Verkehr in Deutschland, wenn sie ihr Optimierungspotential mit Simulationen hinterfragen würden. Doch die Akzeptanz derartiger Projekte, die Marktdurchdringung von Simulationen, liege gegenwärtig bei deutlich unter zehn Prozent.

Simulationen bieten bereits in einem sehr frühen Planungsstadium eine exakte Überprüfung des Soll-Zustandes. Sie gestatten die Abbildung des aktuellen Planungsstandes und berechnen bereits in der Planungsphase die Vor- und Nachteile bestimmter Varianten. Sie zeigen schonungslos Rationalisierungs- und Optimierungspotentiale auf. Mit einem relativ geringen finanziellen Aufwand im einstelligen Prozentbereich des zu erwartenden Auftragsvolumens werden bereits im Vorfeld der Umsetzung gravierende Fehlinvestitionen vermieden. Mehr noch: Die Ergebnisse der Simulation ermöglichen beispielsweise Umstrukturierungen oder bauliche Veränderungen bei laufendem Betrieb. Denn Simulation beschränkt auch die in der Realisierungsphase notwendigen Anpassungen und Nachsteuerungen auf ein Minimum.

Modelle zur Beschreibung von Supply Chains können grundsätzlich in zwei Gruppen aufgeteilt werden.

- Zur ersten Gruppe gehören Modelle, die versuchen, eine Vielzahl der Fragestellungen im Supply Chain Management zu integrieren.
- Zur zweiten Gruppe gehören Modelle, die sich mit Problemstellungen in ausgewählten Teilbereichen beschäftigen.

Für das Supply Chain Management, also der Betrachtung ganzer Lieferketten, die über einzelne Unternehmen hinausreichen, sind in der Regel mehrstufige Modelle von Interesse, da Standorte von Lagern auf mehreren Ebenen der Transportkette determiniert werden müssen. Ebenfalls zu dieser Gruppe gehören die Transportmodelle, mit deren Hilfe bei der Transportplanung Entscheidungen über die Wahl des Transportmittels, die Wahl der Route und den Einbezug von Umladeorten getroffen werden können.

Ein Beispiel für die zweite Gruppe sind die Modelle zur Lösung von Warehouse-Location-Problemen. Sie dienen dazu, Entscheidungen über die Standortwahl von Lagern durch Minimierung der Summe von Transport- und Lagerhaltungskosten zu optimieren.

Die integrierten Modelle haben für die Supply Chain eine ganz grundlegende Bedeutung und werden daher nachfolgend besprochen, bevor der Fokus stärker auf die eigentliche Fragestellung der Simulation und des Warehouse-Location-Problems gelegt wird und damit auch der Simulation von Distributionsnetzwerken.

3.3 Integrierte Modelle zur Abbildung gesamter Supply Chains

Das Hauptinteresse integrierter Modelle zur Abbildung gesamter Supply Chains liegt in der Messung der Kosten-, Service- und Flexibilität-Trade-offs in Produktions-/ Distributionssystemen für verschiedene Materialmanagement-Strategien in alternativen Umwelt- und Strukturbedingungen. Betrachtet werden bei diesen Modellen typischerweise die Verbindungen zwischen Produktionssteuerungspolitik und Distributionssteuerungspolitik, welche die Lagerbestandssteuerung, die Fertigungsterminplanung und den Produkt-Mix in den Betrieben beeinflussen. Andere Entscheidungen wie die Standortplanung, Kapazitätsplanung und Technologieauswahl werden als gegeben angenommen. Zur Modellierung werden z. B. verschiedene kostenbasierte Untermodelle eingesetzt. Im Folgenden seien vier typische Untermodelle, die Grundlage eines integrierten Simulationsmodells sein können, beispielhaft kurz beschrieben:

* Materialwirtschaft: Ermittelt Materialbestellmengen, Wiederbeschaffungsintervalle und geschätzte Reaktionszeiten aller Supply Chain-Einrichtungen. Gegeben sind Durchlaufzeiten, Erfüllungsgrad, Stücklisten, Kosteninformationen und Produktionsbedarf.
* Fertigungssteuerung: Ermittelt Produktionslosgrößen und Durchlaufzeiten für jedes Produkt. Gegeben sind die Material-Reaktionszeiten.
* Fertiggütervorrat: Ermittelt die optimale Bestellgröße und Menge für jedes Produkt unter Benutzung von Kosteninformationen, Servicegradzielen, Produktionsdurchlaufzeiten und Nachfragedaten.
* Distribution: Erforscht Lagerbestellregeln für jede Distributionseinrichtung basierend auf Transportzeitbedarf, Nachfragedaten, Kosteninformationen, Netzwerkdaten und Servicegradzielen.

Jedes dieser Untermodelle basiert auf einem Kostenminimierungsziel. Im eigentlichen Berechnungsschritt werden dann annähernd optimale Bestellregeln unter Benutzung eines mathematischen Programms, welches die Gesamtsumme der Kosten für jedes der vier Untermodelle minimiert, aufgestellt.

Aus der kurzen Beschreibung eines analytischen Optimierungsmodells für Supply Chains wird die Komplexität ersichtlich, die eine Modellierung einer Supply Chain und ihre Trade-off-Analyse beinahe undurchführbar machen. Simulationsmodelle sind derzeit der gebräuchlichste Ansatz zur Modellierung der gesamten Supply Chain.

Ein Beschreibungsmodell wurde vom Supply Chain Council (SCC) mit dem „Supply Chain Operations Reference Model" (SCOR) entwickelt. Ziel des SCC ist die Entwicklung und Definition eines Standard Prozess-Referenzmodells zum Informationsaustausch zwischen den Unternehmen der Supply Chain. Mit dem SCOR-Modell sollen einheitliche, vergleichbare und bewertbare Prozessmodelle von Supply Chains erstellt werden können. Dieses Prozess-Referenzmodell umfasst eine Standardbeschreibung von Managementprozessen, die mit „best practices" verglichen werden, ein Gerüst der Verbindungen zwischen den Standardprozessen, Standardkennzahlen zur Messung der Prozessleistungen und Softwarefunktionalitäten.

Das SCOR-Modell beinhaltet sämtliche Material-, Waren- und Informationsströme vom Lieferanten des Lieferanten zur Fertigung über die Distribution bis hin zum Kunden des Kunden. Dabei unterscheidet das Modell folgende Kernprozesse:

- Planen (plan): Darunter werden vorbereitende Tätigkeiten wie Ressourcen- und Infrastrukturplanung, Anforderung an Beschaffung, Produktion und Distribution und Kapazitätsplanung verstanden.
- Beschaffen (source): Beschreibt Prozesse wie den Erwerb, den Erhalt, die Prüfung und die Bereitstellung eingehender Materialien.
- Produzieren (make): Der Produktionsprozess beinhaltet den Erhalt von Rohmaterial, die Produktion, Montage und Verpackung.
- Liefern (deliver): Hierunter fallen die Erfassung der Nachfrage, das Auftragsmanagement sowie die Distributionsprozesse mit Lager- und Transportmanagement.

Trotz der Erkenntnisse, die aus einem standardisierten Modell wie dem SCOR-Modell gezogen werden können, ist eine vertiefte Analyse des komplexen Verhaltens der Prozesse einer Wertschöpfungskette nur mit dem Werkzeug der Simulation möglich.

In dem hier betrachteten Zusammenhang handelt es sich bei Simulationen um Techniken zur Gewinnung von Informationen über das Verhalten von Systemen und Prozessen. Laut der VDI-Richtlinie 3633 ist eine Simulation folgendermaßen definiert: „Simulation ist das Nachbilden eines Systems mit seinen dynamischen Prozessen in einem experimentierbaren Modell, um zu Erkenntnissen zu gelangen, die auf die Wirklichkeit übertragbar sind. Insbesondere werden Prozesse über die Zeit entwickelt."

Simulation stellt die Abbildung eines realen Problems durch ein formales Modell dar sowie die Beobachtung des Modellverhaltens bei experimenteller Veränderung von Alternativen.

Zu den Anwendungsgebieten von Simulationsstudien gehören die Systemanalyse und die Systemsynthese. Bei der Systemanalyse werden Simulationen gebraucht, um das Verhalten von Systemen, d. h. die Reaktion der Zustandsvariablen auf bestimmte Inputs, zu beschreiben und zu analysieren. Es können deskriptive Aussagen über die Leistungsfähigkeit eines Systems gemacht werden. Eine Supply Chain kann z. B. dahin gehend untersucht werden, ob bei einer bestimmten Nachfrage Engpässe entlang der Kette entstehen. Die andere Möglichkeit sind präskriptive Fragestellungen, in denen verschiedene Systemvarianten verglichen werden. Vorstellbar ist eine Untersuchung, ob die Anlieferung von Produkten per Seefracht in einer bestimmten Supply Chain Vorteile gegenüber dem Schienentransport hat. Mit so genannten „what if"-Fragen über das reale System werden Hypothesen über Wirkungszusammenhänge im realen System durchgespielt.

Die Systemsynthese dient zur Untersuchung des Verhaltens eines Systems, das aus bereits bekannten Systemkomponenten zusammengesetzt wird. Beim Systementwurf unterstützen Simulationen das Design von Systemstrukturen und Prozessen. Dabei hilft die Simulation der Bewertung von Lösungsalternativen. Als Ergebnis liefert eine Simulation keine optimale Lösung, sondern lediglich die Bewertung des Systems anhand bestimmter Kriterien. Die Wahl der besten Alternative hängt folglich von den Zielen ab, die vor der Durchführung der Simulationsexperimente soweit möglich festgelegt werden sollten. Darüber hinaus finden Simulationen häufig Anwendung in der Systemschulung, um Betroffene im Systemdenken zu trainieren.

Im Zusammenhang mit logistischen Fragestellungen werden unter dem Begriff „Simulation" hauptsächlich formale Modelle verstanden, die sich computergestützt durchführen lassen, im Gegensatz zu physikalischen Modellen wie zum Beispiel Modellautos beim Windkanaltest.

Der Zusammenhang zwischen System, Modell und Simulation wird in Abbildung 31 deutlich.

Das symbolische Modell kann dann mit Hilfe einer Software in ein experimentierbares Modell umgesetzt werden. Die Software hilft dabei, mit vorgefertigten Modellbausteinen das System abzubilden und die Modellbausteine entsprechend dem System zu parametrisieren.

Nach der Abbildung des Systems dienen die ersten Experimente der Validierung um festzustellen, ob die Simulationsdaten auch den Originaldaten in der vorher festgelegten Genauigkeit entsprechen.

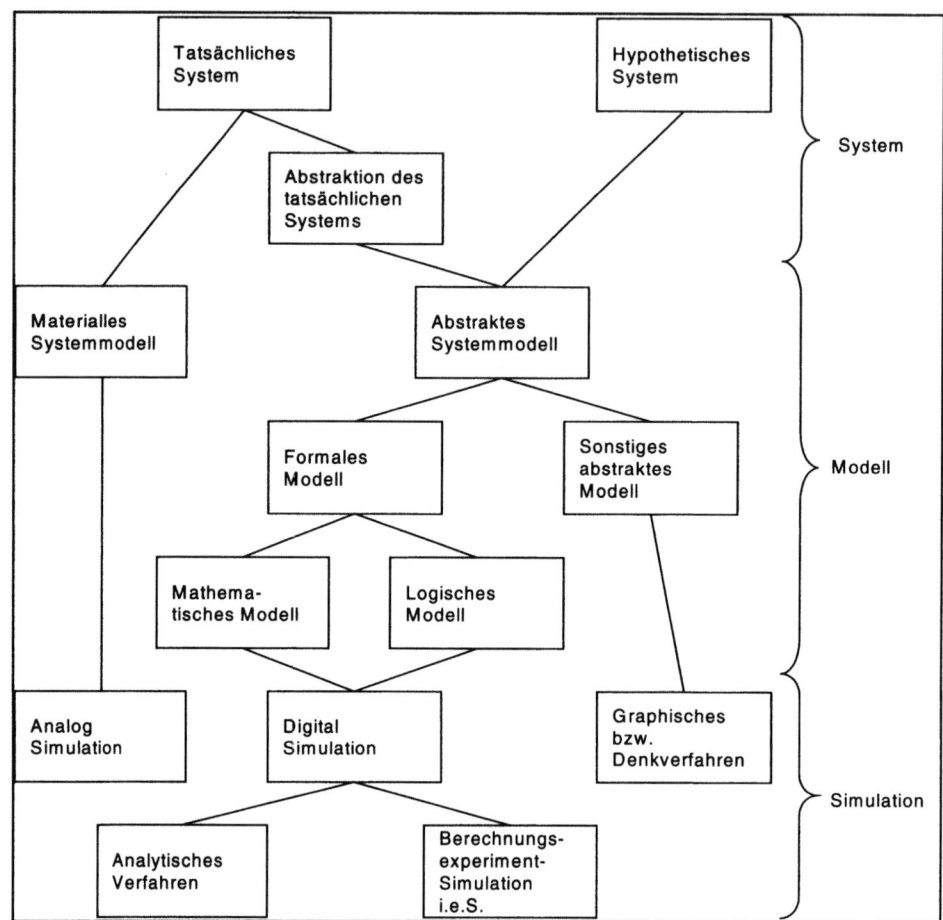

Abbildung 31: System, Modell, Simulation (Quelle: Pagenkopf, 1981, S. 538)

Eine Simulation bildet laut Definition dynamische Prozesse ab. Das bedeutet, dass der Zustand des Modells sich im Ablauf der Simulationszeit verändert. Die Simulationszeit entspricht der Zeit im realen System. Bei den Simulationsmethoden werden grundsätzlich zwei Methoden unterschieden: Die kontinuierliche Simulation geht von einer über die Zeit stetigen Zustandsänderung des Modells aus. Bei betriebswirtschaftlichen Fragestellungen eignen sich kontinuierliche Modelle nur dort, wo sich Beobachtungen nicht auf einzelne Objekte, sondern auf Prozesse in hochaggregierten Systemen beziehen. Bei der diskreten Simulation erfolgt die Zustandsänderung sprunghaft zu diskreten Zeitpunkten. Bei der zeitgesteuerten-diskreten Simulation wird die Simulationszeit durch ein konstantes Zeitinkrement erhöht, und danach werden die Zustandsveränderungen durchgeführt. In der Regel geschieht die Entwicklung der Zustandsvariablen in der Zeit durch einfache Fortschreibung.

Bei den meisten Simulationen zur Abbildung von wirtschaftlichen Abläufen handelt es sich um ereignisorientierte-diskrete Simulationen. Hierbei erfolgt der Zeitfortschritt durch das Auftreten von Ereignissen wie zum Beispiel dem Eingang eines Auftrags. Es muss beim Stattfinden eines Ereignisses bereits feststehen, welches Ereignis als nächstes eintreten wird. Eine Simulation kann als eine Serie von Ereignissen gesehen werden, jedes mit einem spezifischen Zeitpunkt.

Vorteilhaft an dieser Simulationsmethode ist, dass jedes Ereignis verfolgt werden kann und deshalb die Simulation im Prinzip beliebig genau sein kann. Dennoch sind die Ergebnisse von Simulationen zu überprüfen, da Eingangsdaten häufig nicht präzise bestimmbar sind, Simulationen über einen großen Zeitraum nur mit einem geringen Detaillierungsgrad durchführbar und Unsicherheiten bei exogenen Variablen nicht beliebig genau vorhersehbar sind.

Simulationsmodelle bilden häufig dynamische Systeme ab, die sich durch die Einbeziehung einer Zeitvariablen und von stochastischen Größen auszeichnen, was dazu führt, dass die Simulationsmodelle eine Komplexität erlangen, die durch mathematische Optimierungsmodelle nicht zu lösen ist.

Bei der Simulation geht es im Gegensatz zu mathematischen Ansätzen, denen ein zu lösendes Gleichungssystem zu Grunde liegt, nicht darum, ein Optimum zu liefern. Es geht vielmehr darum, für verschiedene Szenarien Kennzahlen zu entwickeln, anhand derer der Benutzer die Konsequenzen möglicher Handlungsalternativen oder denkbarer Umwelteinflüsse abschätzen kann. Teilweise sind Simulationsprogramme sogar in der Lage, Kennzahlen zu berechnen, die im realen System auf Grund der mühsamen Ermittlung nur selten festgestellt werden. Rationalisierungsmaßnahmen im Supply Chain Management sind hierfür klassische Beispiele. Der Nutzer kann z. B. diverse Konfigurationen von Distributionszentren und Produktionsstätten betrachten. Diese Konfigurationen können nun durch eine Simulationssoftware verhältnismäßig einfach getestet werden. Bei der Bewertung eines Systems mit einer Vielzahl verschiedener Kombinationen von Optionen ist es schwierig, alle Kombinationsmöglichkeiten auszuprobieren und alle möglichen Trade-offs zu identifizieren. Es ist daher wünschenswert, wenn die Software die Möglichkeit bietet, aus den Simulationsszenarien das optimale Szenario herauszufinden. Mittlerweile gibt es Softwarelösungen, die ein Simulationsmodell abbilden, für dessen Entscheidungsgrößen anschließend mittels eines Optimierungsverfahrens günstige Werte ermittelt werden.

Ein weiterer Aspekt, der gegen den Versuch, die optimale Lösung zu finden, spricht, ist der starke Einfluss der Kapitalmärkte auf das Entscheidungsverhalten des Managements. Die Manager sind bemüht, die von den Analysten gesteckten Gewinnerwartungen zu erzielen, da beim Verfehlen der Erwartungen der Aktienkurs häufig stark nachgibt, was in der Regel direkten Einfluss auf das Einkommen des Managements hat.

Eine Optimierungsmethode kann zwar zu einer guten Lösung führen, aber die Wahrscheinlichkeit, dass alle Annahmen, die in das Modell einfließen, sich im Zeitablauf nicht verändern, ist gering. Die optimale Antwort kann sich dramatisch verändern, sobald sich die Annahmen auch nur geringfügig verändern. Aus diesem Grund ziehen Manager häufig Simulationen vor, bei denen das so genannte „downside risk" reduziert werden kann. Dies ist möglich, indem ein System entwickelt wird, das nur geringfügig auf Veränderungen von außen reagiert.

Optimierung bezeichnet im praktischen Verständnis, etwas so gut wie möglich trotz Abweichungen von den Annahmen zu machen. Für unser Thema bedeutet dies, dass eine optimale Supply Chain auch dann ein Produkt liefert, wenn die Nachfrage falsch vorhergesagt wurde, und dass eine optimale Supply Chain zu annehmbaren Kosten operiert, auch wenn Störungen in der Kette auftreten. Wäre die Nachfrage konstant und die Wahrscheinlichkeit für eine Änderung der Nachfrage gleich null, dann wäre eine optimale Antwort zu finden. Da dem jedoch nicht so ist, ist es hilfreicher, nicht „die Lösung" zu finden, sondern Hilfsmittel, die uns helfen, ein robustes System zu planen, das mit Unsicherheit umgehen kann. Simulationen sind die einzigen Hilfsmittel, die in der Lage sind, alle Systemkennzahlen zu betrachten und vor allem die Interaktionen dieser Systemkennzahlen bei exogenen Veränderungen des Systems voraussagen zu können.

Die wahre Stärke von Simulationen liegt also darin, dass sämtliche entscheidenden Systemveränderungen wie Kundennachfrage, Lagerkapazität, Liefergeschwindigkeiten etc. im Simulationsmodell abgebildet werden können und anhand der berechneten Kennzahlen eine Aussage über die Leistungsfähigkeit der Supply Chain gemacht werden kann.

Bevor ein System mittels Simulation untersucht werden soll, ist zu klären, ob der Aufwand einer Simulation gerechtfertigt ist. Diese Frage sollte nach Kriterien wie Komplexität, Vielzahl von Einflüssen, Synchronisationsaspekten etc. beurteilt werden. Eine Simulation sollte durchgeführt werden, wenn analytische Methoden an ihre Grenzen stoßen und nur noch das Experimentieren Aussagen liefert. Häufig machen komplexe Ursache-Wirkungszusammenhänge in Supply Chains ein direktes Verstehen unmöglich. Ebenfalls sinnvoll sind Simulationen dann, wenn Veränderungen am realen System zu kostenintensiv und risikoreich sind.

Ist die Simulation das geeignete Mittel zur Untersuchung des Systems, muss die Fragestellung formuliert werden. Anschließend werden die Ziele gesteckt, die darauf hindeuten, welche Fragen durch die Simulationsstudie beantwortet werden sollen.

Auf Grund der mitunter hohen Komplexität von Modellen bei logistischen Fragestellungen kann es sinnvoll sein, Referenzmodelle zur Unterstützung bei der Modellierung heranzuziehen. Sie dienen als Konstruktionsschemata für den Entwurf von aufgabenbezogenen Simulationsmodellen. Darauf folgt die Schaffung der Datenbasis, die die Systemkomponenten in ihrer Struktur, dem Verhalten und den Kenngrößen geeignet beschreiben. Bei der Beschreibung des Systemverhaltens von Logistiksystemen müssen häufig enorme Datenmengen beschafft werden. Besonders aufwendig ist die Datenbeschaffung bei geplanten Systemen bzw. Teilsystemen, bei denen das Verhalten des Gesamtsystems noch nicht zu beobachten war. Die Modellierung dient der Umsetzung des symbolischen Modells in ein experimentierbares Softwaremodell. Bei der Erstellung des experimentierbaren Softwaremodells bieten sich das Sprachkonzept und das Baustein-konzept an. Das Sprachkonzept basiert auf dem Gebrauch von Programmiersprachen. Charakteristisch für das Bausteinkonzept ist, dass der Nutzer sein Simulationsmodell nicht zu programmieren braucht, sondern das Modell aus einer vorgegebenen Auswahl an stationären, mobilen und organisatorischen Elementen (Distributionszentren, Transport-mittel) zusammenstellt, die dann im Sinne des Simulationsmodells verknüpft und para-metrisiert werden müssen. Bei der Verifizierung wird das Simulationsmodell auf seman-tische und syntaktische Fehler untersucht, die bei der Umsetzung des Softwaremodells entstanden sein können. Die Validierung dient dazu, die Ergebnisse des Simulationsmo-dells mit den Ergebnissen des realen Systems zu vergleichen und gegebenenfalls zu kor-rigieren.

Im experimentellen Design werden die den zu untersuchenden Szenarien zu Grunde liegenden Entscheidungen, die Länge der Simulationsläufe und die Wiederholungen beschrieben.

Es folgen die Simulationsläufe entsprechend den festgelegten Szenarien und die Analyse der vorher festzulegenden Outputvariablen. Abschließend werden die Ergebnisse doku-mentiert, die Szenarien verglichen und ggf. Empfehlungen ausgesprochen, die dann um-gesetzt werden können. Simulationstechnologie ist ein zunehmend wichtiges Werkzeug im Supply Chain Management. Die Hauptstärke liegt darin, Systemvariationen und Inter-dependenzen auswerten zu können. Simulationen erlauben dem Entscheider, Verände-rungen in der Supply Chain zu bewerten und den Einfluss, den solche Veränderungen auf andere Systemkomponenten der Supply Chain und letztendlich die Leistungsfähigkeit der gesamten Supply Chain haben, zu verdeutlichen.

3.4 Erfahrungen mit Tools zur Netzwerkoptimeriung

Die erste Phase einer Optimierung eines Distributionsnetzwerkes mit Hilfe einer Soft-ware zur Netzwerksimulation besteht darin, das bestehende Logistiknetzwerk in einem Modell abzubilden. Mit Hilfe der Software sind die bestehenden Produktionsstätten, Dis-tributionscenter und Kunden sowie die Transportverbindungen zwischen diesen darzu-stellen.

Zur Abbildung der heutigen Situation, selbst in vereinfachter Form, müssen vom Unter-nehmen zahlreiche Daten in die Software eingegeben werden. Der zeitliche und kosten-mäßige Aufwand der Datensammlung und -eingabe darf nicht unterschätzt werden. Mo-derne Simulationssoftware bietet zwar die Möglichkeit des Datenimports, aber es sollte überprüft werden, ob es zeitgemäß ist, neue Datenpools zu erzeugen, während sonst in Unternehmen oftmals versucht wird, die Datenredundanz zu verringern. Dieses Problem wurde von den führenden Softwareherstellern von Supply Chain Management-Applikationen bereits erkannt, woraus sich der Trend erklärt, Simulationen in die Supply Chain-Softwarepakete zu integrieren.

Selbst innerhalb eines Unternehmens zeigt sich häufig, dass die Datenbereitstellung eine große Herausforderung darstellt. Insbesondere dann, wenn die Distributionslogistik sehr stark dezentral in den Landesgesellschaften organisiert ist, sind nur in den wenigsten Fällen einheitliche Datenstrukturen sichergestellt, angefangen mit den Preismodellen für die Vergütung von Logistikleistungen von Transport- und Lagerdienstleistern und enden im schlimmsten Fall mit unterschiedlichen Artikelnummern-Systematiken, die sich z. B. aus italienischen Vorschriften ergeben können.

Die technischen Möglichkeiten der Simulationstools diese Hindernisse zu überbrücken werden aber immer besser. Damit können Simulationen auch im betriebswirtschaftlichen Alltag immer häufiger zur Entscheidungsunterstützung genutzt werden.

Für die eigentliche Szenarioanalyse werden ferner Schlüsselgrößen benötigt, die die Mindest-Anforderungen an das Serviceniveau beschreiben.

Die zweite Phase des Projektes dient der Szenarioanalyse. Das bestehende Modell wird durch verschiedene Eingriffe manipuliert. Jedes Szenario wird nach mehreren Simulationsläufen hinsichtlich seiner Auswirkungen auf Kosten und Serviceniveau untersucht.

Das Systemdenken kann im Supply Chain Management aber nur weiterhelfen, wenn es gelingt, die komplexen realen Systeme in vereinfachter Form abzubilden, da der Aufwand nicht zu vertreten ist, reale Supply Chain-Systeme in ihrer Gesamtheit zu erfassen und zu analysieren. Die Bereitschaft, in dieser Fragestellung bewusst Kompromisse einzugehen und auch hier die 80/20-Regel anzuwenden, ist häufig begrenzt. Dies führt beim Einsatz von Simulationstools häufig dazu, dass zu viel in die Abbildung der Ausgangssituation investiert wird, der der eigentlichen Ermittlung der strategisch relevanten Alternative eines Distributionsnetzwerkes nicht mehr dient. Modelle bieten gerade eben die Möglichkeit, durch Abstraktion nur die Informationen eines Systems abzubilden, die zur Analyse einer Fragestellung von Interesse sind.

Immer dann, wenn Alternativen untersucht werden, für die keine Rohdaten im Unternehmen zur Verfügung stehen, z. B. wenn Transportrelationen in einem Szenario zu Grunde gelegt werden müssen, die bisher nicht von einem Unternehmen bedient werden müssen, besteht die Notwendigkeit, entsprechende Annahmen zu treffen.

Trotz der herausgearbeiteten Vorzüge von Simulationsmodellen werden Simulationsprogramme sich weiterentwickeln müssen. Neben der Lösung der technischen Probleme werden Simulationsprogramme sich zukünftig an die veränderte wirtschaftliche Umwelt anpassen müssen. Simulationen werden noch realistischer die individuellen Bedürfnisse der Kunden sowie die Gegebenheiten der Märkte abzubilden haben. Gerade die Reaktion einer Supply Chain auf individuelle Wünsche wird zukünftig gefragt sein.

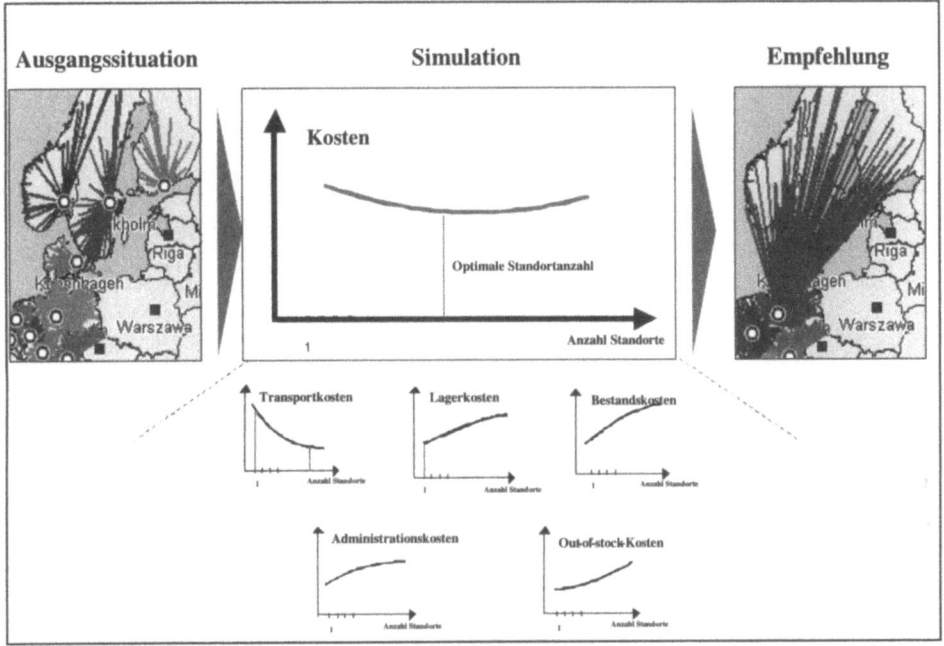

Abbildung 32: Beispiel einer Netzwerkoptimierung

Auf Grund der Szenarioanalyse ergibt sich die optimale Struktur für ein Distributionsnetzwerk. Der besondere Vorteil von Simulationen ist es aber, dass die Auswirkungen
von sich verändernden Rahmenbedingungen vergleichsweise schnell analysiert werden
können. Bei der Betrachtung fünf bis zehn Jahre alter Strategien zeigt sich immer wieder,
dass die Abschätzung grundlegender Parameter, die in diesen Strategien enthalten sind,
z. B. die Entwicklung des Absatzvolumens, nicht mehr viel mit der aktuellen Situation zu
tun hat. Europäische Distributionsnetzwerke werden im betrieblichen Alltag aber nicht
alle zwei Jahre vollständig neu überdacht, sondern meistens in Fünf-, wenn nicht sogar
Zehnjahresabständen. Daher ist es bei der Entwicklung eines neuen Distributionsnetzwerkes nicht nur wichtig, die Auswirkungen bei den zurzeit als wahrscheinlich eingestuften Annahmen zu ermitteln, sondern bewusst auch die Robustheit der gefundenen
Lösung gegenüber unterschiedlichen Extremszenarien zu beleuchten.

4. Fallbeispiele

„Die Grundvoraussetzung jeden Fortschritts ist
die Überzeugung, dass das Nötige möglich ist."

Norman Cousins

Das in Kapitel 2 aufgezeigte Vorgehen wird nun an ausgewählten Beispielen angewendet, die aus realen Unternehmenssituationen abgeleitet sind. In allen Fällen wird kurz die Ausgangssituation beschrieben und ein erster Entwurf entwickelt. Grundlage für das Vorgehen sind die zuvor besprochenen acht Vorgehensschritte zur Entwicklung eines Distributionsnetzwerkes.

1. Produktionsstruktur und Lieferschwerpunkte
2. Lieferserviceanforderungen
3. Produktstruktur
4. Sendungsstruktur
5. Nationale Besonderheiten
6. Dienstleisterangebot
7. Lagerstruktur
8. Bestandszuordnung

Die beiden Beispiele gehen von Unternehmen und Rahmenbedingungen aus, wie sie heute zu finden sind.

4.1 Fallbeispiel I: CD-Distribution

Das erste Fallbeispiel beschäftigt sich mit der europäischen Distribution von CDs. Bei CDs spielen die Hauptlaufkosten von der Produktion zu einem Distributionslager eine eher untergeordnete Rolle. CDs sind ein kein internationales Produkt, da es nationale Unterschiede bei der Verpackung von CDs z. B. was die Verwendung von Blistes oder Stickern angeht, gibt und bis zu 50 Prozent nationale Repertoires zu berücksichtigen sind. Für CDs ist es besonders wichtig, dass eine Bestellung bis zum nächsten Vormittag ausgeliefert werden kann. Das Bestellvolumen liegt dabei im Regelfall im Paketbereich und somit deutlich unterhalb ganzer Paletten. In einer ersten Annahme kann davon ausgegangen werden, dass die Absatzschwerpunkte mit der Bevölkerungsdichte korrelieren.

Im Bereich der Kommissionierung ist „Pick-by-light" Stand der Technik. „Pick-by-light" bedeutet, dass ein Mindest-Kommissioniervolumen vorhanden sein muss, damit diese

Technik realisiert werden kann. Bereits seit längerem ist die automatische Kommissionierung von CDs im Gespräch, jedoch wurde sie noch von keinem Unternehmen im großen Umfang erfolgreich realisiert. Die mittel- und langfristigen Absatzperspektiven für CDs sind unsicher, da es sich bei der Distribution von CDs um nichts anderes als um die Verteilung von Informationen handelt, die beispielsweise durch das Internet ersetzt werden könnte.

Die oben genannten acht Schritte sollen nun durchlaufen werden, um einen ersten Entwurf für die europäische Distribution von CDs zu entwickeln. Am Anfang stehen dabei Punkte der Produktionsstruktur und der Lieferschwerpunkte. Unverpackt auf Spindeln passen zwischen 30.000 und 35.000 CDs auf eine Palette. Auch wenn CDs in der Regel so nur vom Presswerk zu einer Verpackungsstraße transportiert werden, wird an diesen Zahlen deutlich, dass der Transport von der Produktion zum Distributionslager keine große Bedeutung für die Distributionskosten hat.

Abbildung 33: Europakarte mit ausgewählten Großstädten

Absatzschwerpunkte liegen in den Großstädten, da wir eine Korrelation zwischen Absatz und Bevölkerungsdichte unterstellt haben. Hierbei wird ein allgemeiner Trend zur Zentrallagerbelieferung bewusst nicht beachtet.

Daher ist es wichtig, den zweiten Punkt, die Lieferserviceanforderungen, näher zu betrachten. Wie in der Ausgangssituation geschildert, ist eine Anlieferung am nächsten Vormittag notwendig. Bei CDs wird diese kurzfristige Lieferzeit erwartet und ist wesentlicher Bestandteil des Geschäfts. Daraus resultiert, dass der ganze Bereich Zentral- und Südeuropa nicht durch ein Lager abgedeckt werden kann, sondern mindestens zwei Lager notwendig sind. Als besonders problematisch sind die geografisch abgelegeneren Regionen wie Süditalien, Südspanien und Portugal zu sehen.

Die Produktionsstruktur ist auf Grund der hohen Produktdichte von CDs für die Standortentscheidung des Lagers nicht ausschlaggebend.

Der Versand erfolgt mit Hilfe von Paketdiensten oder direkt, d. h., dass der LKW, gleich ob er komplett oder nur teilweise beladen ist, den Kunden oder die Zentralen der nationalen Paketdienste zu den entsprechenden Abend-Slots für die Verteilung am nächsten Morgen erreichen muss.

Bei der kurzen Auslieferzeit wirken sich nun im zentral-europäischen Gefüge nationale Besonderheiten, wie das nächtliche Einreiseverbot in die Schweiz, aus. Ein LKW muss daher die Grenze vor 20 Uhr passiert haben, um einen schweizerischen Paketdienst zu erreichen. Wenn die letzten Bestellungen aus der Schweiz gegen 15 Uhr eingehen und für die Auftragsbearbeitung, die Kommissionierung, die Verpackung und die Bereitstellung im Eildurchlauf 2 Stunden angesetzt werden, dann bleiben für den Transport bis zur Schweizer Grenze und den Grenzübertritt 3 Stunden. Bei einer durchschnittlichen Geschwindigkeit von 60 km/h, die ein LKW zurücklegen kann, bleibt ein Radius von etwa 200 km um die Schweiz als ein Standort für ein Distributionslager, wenn es die Schweiz mitversorgen soll.

Ferner ist es auf Grund der Sprache, des Vertriebs, des Rechnungswesens, usw. in den meisten Fällen notwendig, ein Land als Ganzes abzudecken. Eine Belieferung von Ost-Frankreich aus Strasbourg und von West-Frankreich aus Barcelona ist zwar möglich, aber herausfordernd und nicht zielführend.

Wenn man von mindestens zwei Lagern für Zentral- und Südeuropa ausgeht und die Schweiz für mindestens ein Lager sehr enge Grenzen auf Grund der Platzierung setzt, bleibt die Frage, aus welchem Lager die Schweiz besser versorgt wird. In der Regel wird die Schweiz aus einem eher nördlich liegenden Lager mit beliefert.

Ein nördlich von der Schweiz liegender Standort, von dem aus die Schweiz noch gut zu erreichen ist, ist daher z. B. Strasbourg.

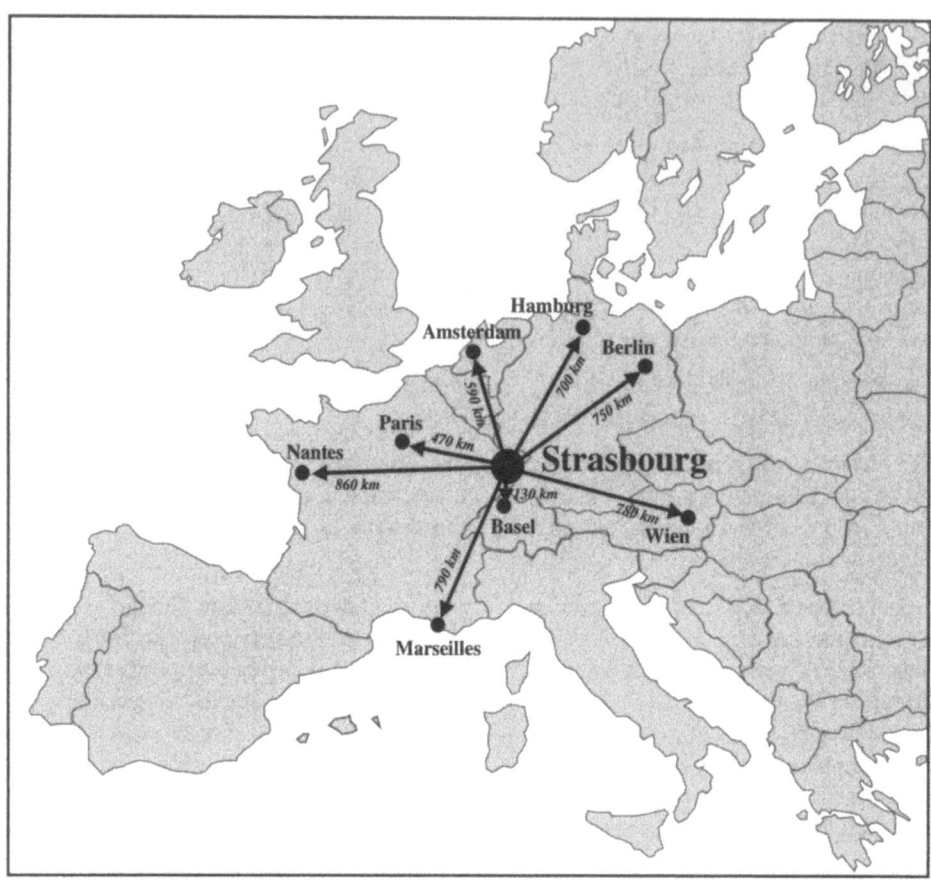

Abbildung 34: Entfernung von Strasbourg zu relevanten europäischen Großstädten

Sollte die Distribution von einem Standort erfolgen, der südlich der Schweiz liegt, so ist Grenoble ein günstiger Standort.

Von Grenoble aus ist sowohl die Belieferung von Madrid als auch von Rom kritisch zu betrachten. Hier wäre ggf. noch einmal zu klären, ob wirklich ein einheitlicher Lieferservice in Europa geboten werden muss oder ob nicht das allgemein zu beobachtende Nord-Süd-Gefälle greift, nach dem die Lieferzeitanforderungen in Südeuropa stets etwas entspannter sind als die in Zentraleuropa. Nur ein Standort südlich der Schweiz ist für die Versorgung von Spanien und gleichzeitig Italien nicht sehr glücklich gewählt.

Vergleicht man die beiden Standorte Strasbourg und Grenoble, so bietet sich eindeutig eher die Versorgung der Schweiz aus Strasbourg an. Von diesem Standort aus können Deutschland, Frankreich, Benelux, Österreich und die Schweiz innerhalb der geforderten Lieferzeitanforderungen bedient werden. Im Rahmen einer Feinplanung wird der Lagerstandort sicherlich noch etwas auf der Karte wandern, vermutlich aber nicht weiter als 100 km.

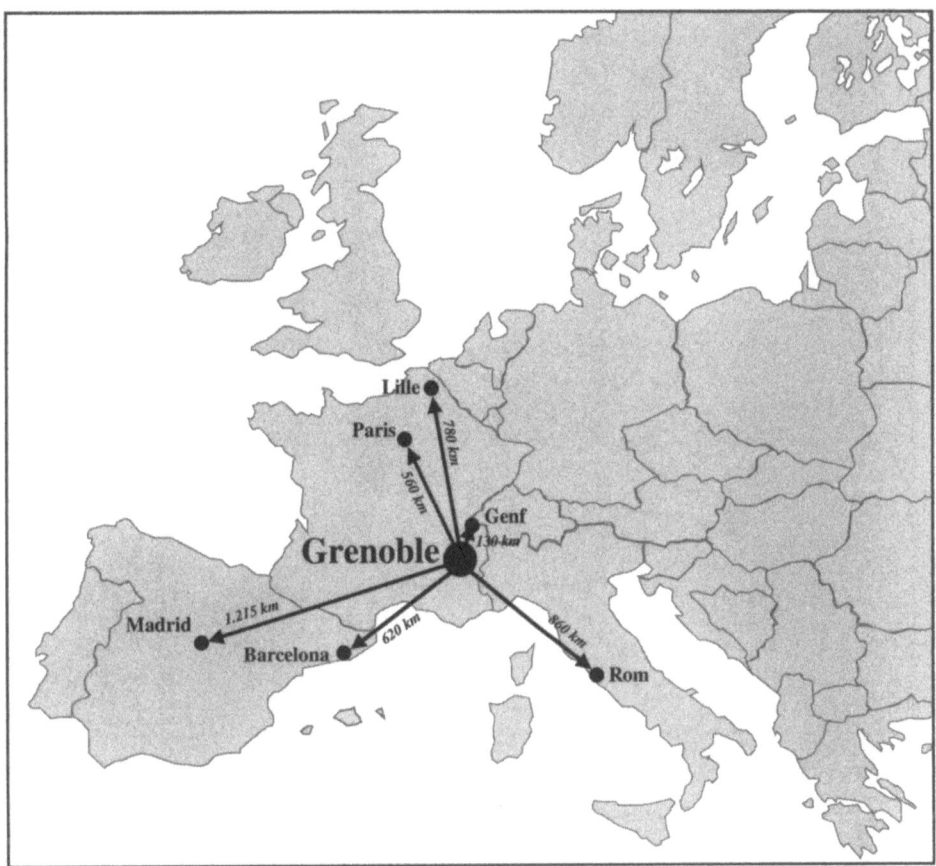

Abbildung 35: Entfernung von Grenoble zu relevanten europäischen Großstädten

Wie kann nun Südeuropa versorgt werden?

Die Versorgung eines Landes aus zwei Lagern ist möglich, aber nicht besonders glücklich und sollte wenn irgend möglich vermieden werden.

Es bleibt die Gestaltung der Distributionslogistik in Spanien, Italien und Portugal zu klären. Die Ansiedlung *eines* Lagerstandortes im Süden von Frankreich, z. B. Grenoble, hat sich ja bereits als problematisch herausgestellt. Damit liegt also die Einrichtung von zwei Lagern nahe.

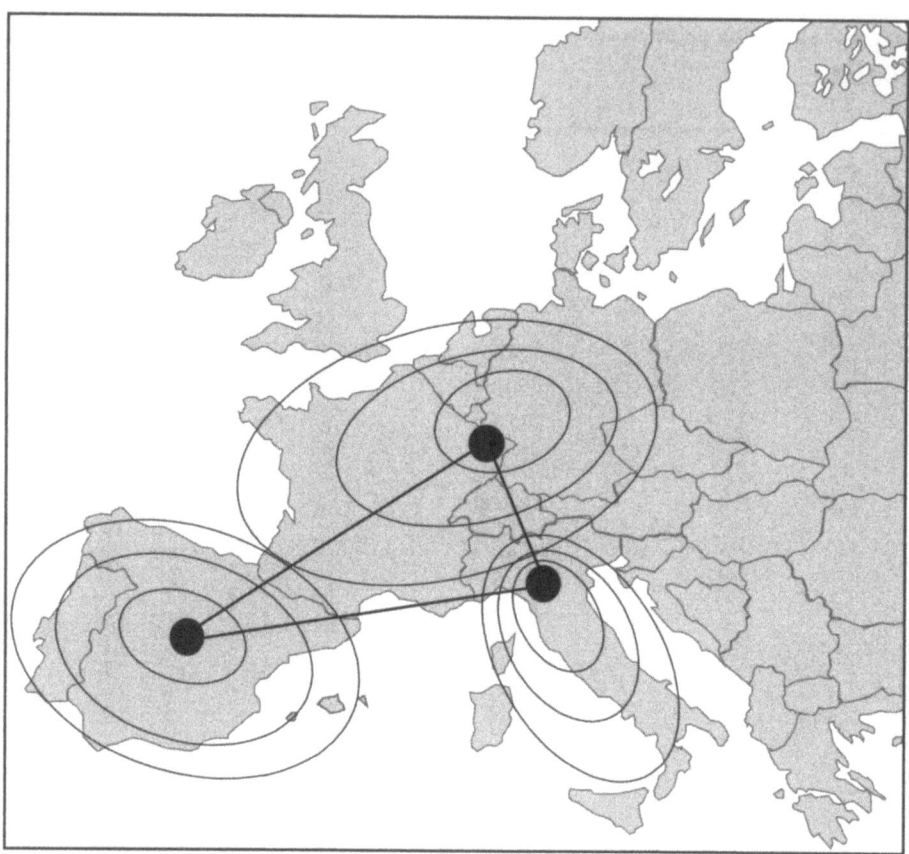

Abbildung 36: Erster Entwurf für ein europäisches Distributionsnetzwerk für CDs

Ein Lager sollte errichtet werden, welches Spanien und Portugal versorgt. Der Standort ist fast immer Madrid sowie ein Lager in Italien. Hier gibt es meistens auch nur zwei Standorte, die betrachtet werden, Mailand und Rom. Auf Grund des üblicherweise höheren Anforderungsniveaus an den Lieferservice in Norditalien und der hohen Bevölkerungsdichte wird der Lagerstandort wahrscheinlich im Mailänder Raum liegen.

Aus diesen Überlegungen ergibt sich, dass eine Distributionslogistik für Zentral- und Südeuropa aus einem großen Regionallager für Zentraleuropa besteht, das Deutschland, Frankreich, Benelux, Österreich und die Schweiz abdeckt, und einem Regionallager für Spanien und Portugal sowie einem nationalen Lager für Italien.

Dieses Distributionsnetzwerk weist die typische Triangelform auf.

Für Nordeuropa (Großbritannien, Skandinavien) sind eigenständige Lösungen zu finden. Großbritannien hat traditionell sehr extreme Lieferzeitvorgaben. Auslieferungen am selben Tag in der Umgebung von London gelten als nicht untypisch. Auch in Stockholm und Kopenhagen sind die Lieferzeitanforderungen hoch. Dafür bieten sich Lager in der Nähe von London und Stockholm als Lösungen an.

Das Lager in Strasbourg wird sicherlich die Größe für eine Pick-by-Light-Kommissionierung haben. Für das Lager in Madrid und Mailand müsste dieses geprüft werden.

Die Bestandszuordnung ergibt sich dann aus der Zuordnung der Belieferungsgebiete. Eine differenzierte Bestandszuordnung ist bei den aufgezeigten Lieferzeitanforderungen nicht sinnvoll.

4.2 Fallbeispiel II: Sportartikel

Im zweiten Fallbeispiel entwickeln wir das europäische Distributionsnetzwerk für einen Sportartikelhersteller. Unser fiktives Unternehmen stellt Wintersportartikel, insbesondere Skier und Schuhe, her. Wie bei den meisten europäischen Unternehmen, die Wintersportartikel herstellen, hat das Unternehmen seine Wurzeln in der Alpenregion. Dort wird auch noch heute produziert.

Das Geschäft mit Sportartikeln ist durch zwei Besonderheiten geprägt. Die erste Besonderheit bildet das Bestellverhalten. Die Händler und Einkaufsgenossenschaften bestellen im großen Umfang Ware im Umfeld der Sportmessen. Die Sportmessen finden im Frühjahr und damit gut ein halbes Jahr vor der eigentlichen Saison statt. Mit diesen Aufträgen deckt der Sporthandel den absehbaren und sehr sicheren Grundbedarf. Während der eigentlichen Saison werden dann noch Aufträge zur kurzfristigen Lagerauffüllung und bei konkreteren Kundenwünschen an die Produzenten weitergeleitet.

Während die so genannten „Post-orders", also die Bestellungen im Rahmen der Messen, im Grunde eine beliebig lange Lieferzeit haben, sind die vom Handel akzeptierten Lieferzeiten während der Saison selbstverständlich deutlich kürzer. Auch in dieser Branche ist das typische Nord-Süd-Gefälle in den Lieferzeitanforderungen festzustellen. Während in Ländern wie Deutschland, Frankreich, Benelux, Österreich und der Schweiz die Lieferung am nächsten Tag gewünscht wird, ist eine Belieferung innerhalb von 48 Stunden in Ländern wie Italien oder Spanien ausreichend.

Die zweite Besonderheit bei Herstellern von Skisportartikeln ist der typische Aufbau von Saisonbeständen. Die Produktion beginnt bereits im Frühjahr, während die Auslieferung erst im Winter einsetzt. Daher werden die Bestände über das Jahr hinweg kontinuierlich aufgebaut.

Werden Skier in größeren Mengen transportiert, so werden in der Regel spezielle Skikästen eingesetzt. Bei Skischuhen haben wir es dagegen mit palettierter Ware zu tun. Werden dagegen kleine Mengen an Skiern oder Skischuhen verschickt, handelt es sich nicht mehr um Stückgut, sondern um Paketware, die auch mit Paketdiensten verschickt wird.

Obwohl es in ganz Europa begeisterte Skiläufer gibt, ist dennoch festzustellen, dass das Einkaufsverhalten sehr unterschiedlich ausgeprägt ist und damit auch die Absatzverteilung. Vereinfacht kann konstatiert werden, dass der Absatz an Skiern mit der Nähe zu den Alpen steigt. Dieses hängt weniger mit der Bevölkerungsdichte zusammen, sondern vielmehr mit den Einkaufsgewohnheiten. Personen, die in der Nähe eines Skigebietes wohnen und somit in der Lage sind, mehrfach während des Jahres Ski zu laufen, sind viel eher bereit, sich jährlich neue Skier zu kaufen als Personen, die vielleicht nur einmal im Jahr für eine Woche zum Skilaufen fahren. Es kommt noch hinzu, dass sich bei dieser Gruppe der Skiverleih immer mehr durchsetzt.

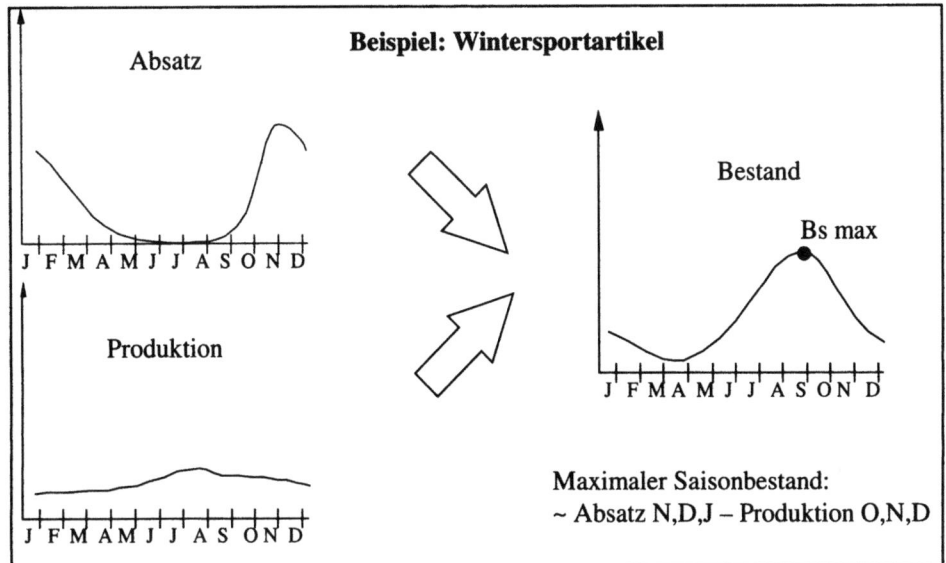

Abbildung 37: Bestandsauf- und -abbau von Wintersportartikeln

Die vorgefundene Distributionsstruktur war durch zwei Lagertypen geprägt. Auf der einen Seite waren Produktionslager zu finden und auf der anderen Seite länderspezifische Distributionslager. Die Produktionslager, wie der Ausdruck schon sagt, waren an der jeweiligen Produktion angesiedelt und haben die Bestände insbesondere während des Bestandsaufbaus aufgenommen. Zum anderen gab es eine Vielzahl von länderspezifisch aufgestellten Regionallagern. In mehreren Ländern waren wiederum mehrere Regionallager zu finden, was sich daraus ergabt, dass die länderspezifischen Regionallager teilweise nur eine Produktgruppe, z. B. Skier, gelagert haben.

Was bedeutet dies nun für die Gestaltung einer europäischen Distributionslogistik, und wie empfehlenswert ist eine Lagerstruktur, die geprägt ist von nationalen Lagern, wie sie heute in vielen Fällen noch vorzufinden ist?

Um einen ersten Entwurf für die Neugestaltung eines Distributionsnetzwerkes für Wintersportartikel zu entwickeln, sind wiederum die oben aufgezeigten Schritte zu durchlaufen.

Produktionsstruktur und Lieferschwerpunkte: Wie bereits in der Schilderung der Ausgangssituation ausgeführt, liegt die Produktion im Alpenraum und damit in der Mitte des Absatzgebietes. Ein Umstand, den sich sicher viele Unternehmen für ihre Produktion wünschten. Zwei der Fertigungen mit dem größten Absatzvolumen lagen zusätzlich noch zusammen und in der Nähe der Schweizer Grenze.

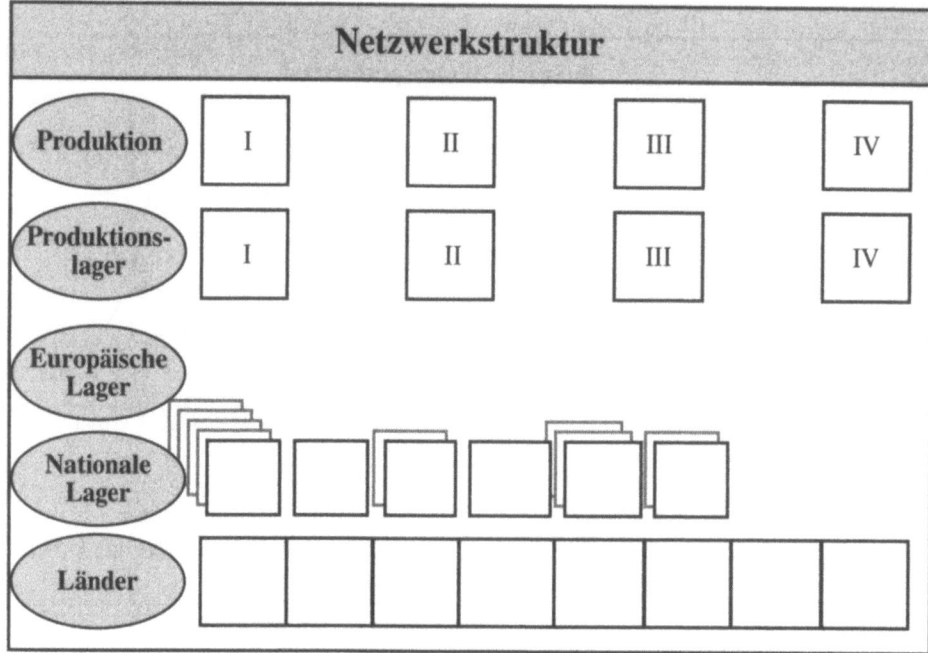

Abbildung 38: Vorgefundene Distributionsstruktur

Lieferserviceanforderungen: Daher stellt sich vor allem die Frage nach den Lieferzeitanforderungen und der Notwendigkeit von Regionallagern auf Grund der Lieferzeitanforderungen.

Da für die Auslieferung aller Bestellungen, die während der Frühjahrsmessen getätigt
worden sind, praktisch keine Restriktionen bei der Lieferzeit bestehen, ist eine vollständige Auslieferung dieser Umfänge aus einem zentralen, direkt an der Produktion liegen-
dem Lager möglich. Detailkalkulationen haben ergeben, dass es wirtschaftlich sinnvoll
ist, die gesamte Ware an einem Standort zu lagern und dann gebündelt in die Fläche zu
verschicken.

Es stellt sich weiter die Frage, ob auch die Lieferungen, die während der eigentlichen
Saison getätigt werden, aus diesem Lager befriedigt werden können. Insbesondere im
Wintersport spielt die Schweiz hier wieder eine ganz zentrale Rolle, da – wie auch im
ersten Fallbeispiel – das Übertreten der Schweizer Grenze für die Netzwerkgestaltung
wichtige Restriktionen setzt. Liegt die Produktion und das damit angedachte Zentrallager
so, dass ein Grenzübertritt noch vor Grenzschließung möglich ist, so kann auch eine
Belieferung der Schweiz mit Paketware innerhalb der geforderten Zeiten erfolgen. In
unserem Fall war dies die vorliegende Situation.

Besteht nun das Erfordernis, in den anderen Ländern eigene Distributionslager einzurichten? Unterstellt man die Notwendigkeit, in diesen Ländern flächendeckend einen 100-prozentigen Lieferservice innerhalb von 24 Stunden zu gewährleisten, dann ist sicherlich über die Einrichtung weiterer Lager nachzudenken. Aber eine besondere Problematik ist zu beachten: Wenn Händler mit gleichen Artikeln aus mehreren Lagern beliefert werden sollen, so ist es insbesondere in Fällen von Reklamationen sehr wahrscheinlich, dass es zu Problemen und Unklarheiten in der Abwicklung kommen wird.

Hier ist zum Beispiel nun eine Situation gegeben, in der eine grundsätzlich unternehmerische Entscheidung getroffen werden muss, nämlich die, ob ein Lieferservice wirklich flächendeckend erforderlich ist oder ob nicht eine Differenzierung über die Absatzschwerpunkte innerhalb eines Landes vorgenommen werden kann.

Beispielsweise wird sich ein Vertriebsleiter, der für den Absatz in Deutschland verantwortlich ist, immer dafür aussprechen, dass auch eine Belieferung eines Skihändlers in Flensburg innerhalb von einem Tag gewährleistet werden kann. Hier stellt sich aber die Frage, ob Aufwand und Nutzen noch im rechten Verhältnis zueinander stehen. Es handelt sich zugegebenermaßen um eine Sonderkonstellation, wenn das Hauptabsatzgebiet regional stark eingeschränkt ist, was nicht auf die bisherige Struktur des Distributionsnetzwerkes zurückgeführt werden kann, sondern ausschließlich auf das Konsumentenverhalten. Hinzu kommt, dass auch noch die Produktion in der Mitte dieses Absatzgebietes liegt. Daher sollte in einem solchen Fall auf die Einrichtung weiterer Distributionslager verzichtet werden.

Produktstruktur: Jeder, der Ski läuft, weiß ferner, dass ein Blick auf die Skiausrüstung noch nicht reicht, die Nationalität eines Skiläufers oder einer Skiläuferin zu erraten. Dieses ist ein sicheres Merkmal dafür, dass es sich bei diesen Produkten um internationale Produkte handelt, die zumindest im europäischen Umfeld keine nationalen Besonderheiten aufweisen. Daher machte es allein schon aus Risikogesichtspunkten wenig Sinn, Bestände zu einem frühen Zeitpunkt in einzelne Länder zu verlagern. Hierdurch steigt nur die Wahrscheinlichkeit, dass ein Bedarf nicht gedeckt werden kann, da ein Produkt durch eine fehlerhafte Absatzprognose im falschen Land gelagert wird.

Sendungsstruktur: Die Sendungsstruktur ist geprägt von relativ großen Sendungen, die sich aus den Frühjahrsmessen ergeben. Da hier auch sehr große Lieferfenster bei der eigentlichen Anlieferung gegeben sind, ist es vergleichsweise einfach, Lieferungen in Regionen zu konsolidieren und dann einen LKW mit der Ladung für mehrere Kunden und damit ausgelastet zu nutzen.

Bei den Sendungen in der laufenden Saison handelt es sich um einzelne Pakete, sodass nur die Auslastung der Fahrzeuge zu den Verteilzentren der Paketdienste geprüft werden muss. Es hat sich dabei bewährt, die Belieferung der Paketzentrale und die eigentliche

Paketauslieferung getrennt zu betrachten, weil ansonsten die Standardpreise für den internationalen Versand von Paketen europäischen Distributionslösungen entgegenstehen.

Nationale Besonderheiten: Hier ist in diesem Fall nur die Schweiz mit ihrer eingeschränkten Öffnung der Grenze zu nennen, die bereits im Zusammenhang mit den Lieferzeiten besprochen wurde.

Dienstleisterangebot: Es gibt einzelne Regionen im Alpenraum, in denen die Anzahl der zur Verfügung stehenden Speditionen begrenzt ist und daher nicht der Wettbewerb insbesondere bei Lagerflächen herrscht, wie man ihn in anderen europäischen Regionen gewöhnt ist.

Lagerstruktur: Da der angedachte Lagerstandort für ein europäisches Distributionslager mit bestehenden Lagerstandorten zusammenfällt, ist die Eignung der bestehenden Lager zu prüfen.

Bestandszuordnung: Bei einer ausgeprägten Zentrallagerlösung ist die Bestandszuordnung auch vollständig vorgegeben.

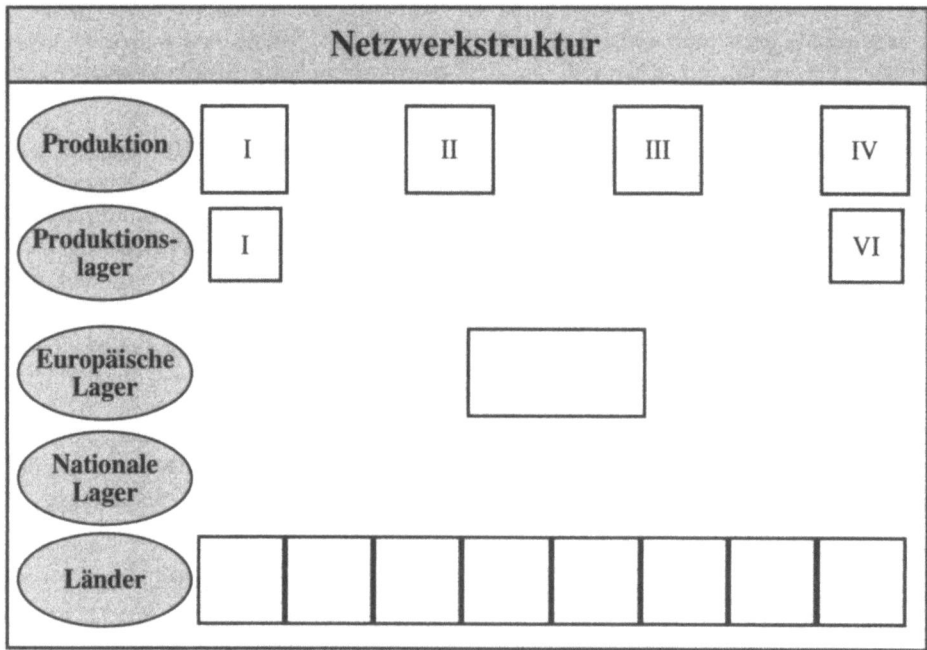

Abbildung 39: Erster Entwurf

Im Rahmen der weiteren detaillierten Kalkulation und Überprüfung eines ersten Entwurfes entwickelt sich die neue Struktur des Distributionsnetzwerkes weiter.

Hier spielen zum einen Kostenüberlegungen auf Basis von Kalkulationen ein wichtige Rolle. Ein zweiter Punkt, der sich während der Detaillierungsphase gezeigt hat, waren Lieferzeitanforderungen einzelner Kunden von unterhalb 24 Stunden, die so bedeutend waren, dass eine Erfüllung notwendig, aber auch wirtschaftlich vertretbar war, sodass noch Bestände in einzelnen Ländern für die Erfüllung von Saisonbelieferungen vorgehalten werden mussten.

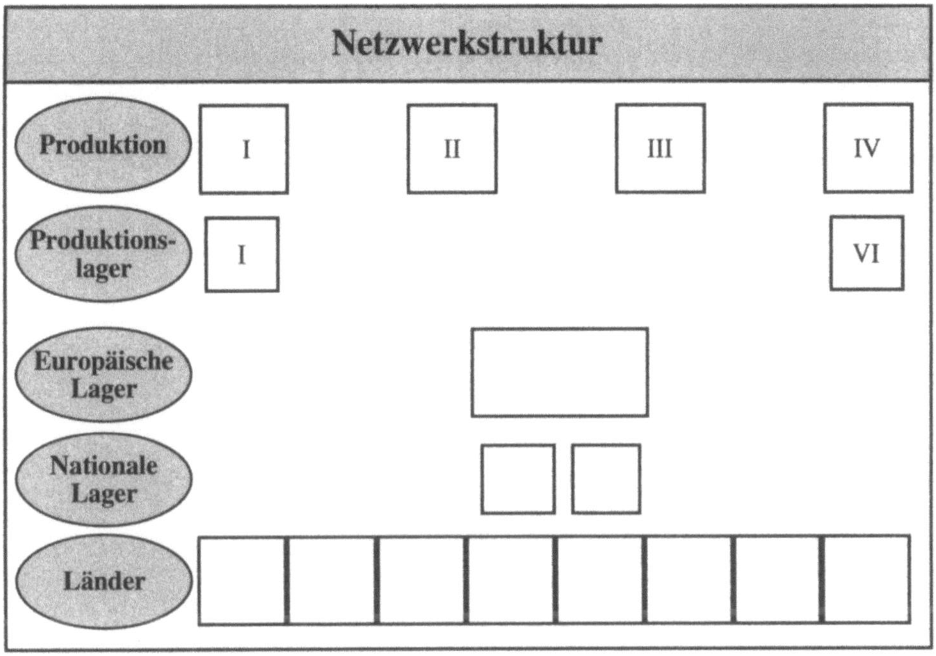

Abbildung 40: Realisierte Lösung

4.3 Fallbeispiel III: Gesundheitsprodukte

Im dritten Fallbeispiel handelt es sich um ein Unternehmen, das eine Vielzahl von Akquisitionen in verschiedenen Europäischen Ländern erfolgreich durchgeführt hat und dadurch fünf Jahre lang seinen Umsatz jedes Jahr verdoppeln konnte.

Typisch für Unternehmen in einer solchen Situation ist, dass der Fokus des Managements auf die Akquisitionen und die Umsatzentwicklung gelegt wird und weniger auf die Realisation von Synergien. Synergien werden bei Akquisitionen typischerweise besonders in den Bereichen des Einkaufs und der Logistik gesehen. Bei einer hohen Anzahl von Akquisitionen in kurzer zeitlicher Abfolge bleibt es dann in vielen Fällen nicht aus, dass die Realisierung der Synergien während dieser starken Wachstumsphase nicht in der Schnelligkeit realisiert wird, wie dies geplant und dem Business Cases zugrunde gelegt wurde.

Auch in diesem Fall waren die Synergien im Bereich der Logistik noch nicht realisiert.

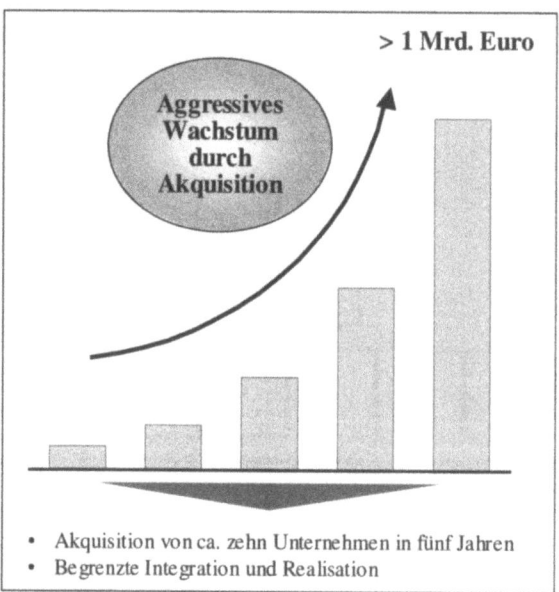

Abbildung 41: Umsatzentwicklung

Insgesamt verfügte das Unternehmen über mehrere Produktionsstandorte und rund 25 Distributionszentren in Europa. Mit rund 25 Standorten befindet sich das Unternehmen in einer Situation, in der es über mehr als ein Lagerstandort pro Land verfügt.
Ein solches nationales Distributionsnetzwerk, mit einem Lagerstandort pro Land als Grundidee, würde man bei einem Unternehmen erwarten, das sich durch folgende Charakteristika auszeichnet:

- Mittlere Sortimentsbreite
- Haltbarkeit > 1 Monat
- 24 Stunden- bzw. next morning delivery
- Konsumgüter/nationale Produkte
- Zentrale Produktionsstrukturen
- Mittlere Wertigkeit
- Selbstabholer nur in den Ballungsgebieten

Mit mehr als einem Lager pro Land – und bei dem Unternehmen finden sich in Deutschland, Frankreich, Italien und Grossbritanien mindestens zwei Lagerstandorte – zeichnen sich erste Züge einer nationalen dezentralen Distributionsstruktur.

Abbildung 42: Ausgangssituation

Der Effekt, der durch eine solche dezentrale Lagerstruktur erzielt werden soll, ist eine hohe Verfügbarkeit aller Produkte mit kurzen Lieferzeiten. Leider stellen sich – wie bereits in Kapitel 1.4.1 ausgeführt – sehr häufig nicht diese gewünschten positiven Effekte auf den Lieferservice ein, sondern das Gegenteil tritt ein: Die Gefahr einer „Out-of-Stock-Situation" wird erheblich gesteigert.

Insbesondere die Fähigkeit, neue Akquisitionen zu tätigen und akquirierte Unternehmen schnell zu integrieren war für diese Unternehmen von zentraler Bedeutung. Diese Vorgabe ist ein klarer Indikator für eine stärker konsolidierte Lösung. Betrachtet man nun die acht Treiber für die Entwicklung eines neuen Distributionsnetzwerks:

1. Produktionsstruktur und Lieferschwerpunkte
2. Lieferserviceanforderungen
3. Produktstruktur
4. Sendungsstruktur
5. Nationale Besonderheiten
6. Dienstleisterangebot
7. Lagerstruktur
8. Bestandszuordnung

Produktionsstruktur und Lieferschwerpunkte: Das Unternehmen verfügt über Produktionsstandorte in Deutschland, Frankreich, Italien und Spanien. Lieferungen erfolgen in
alle Länder Europas.

Lieferzeitanforderungen: Die Lieferzeitanforderungen des Unternehmens werden insbesondere durch die Anforderungen von Großhändlern geprägt. Auch wenn der Kern der
Distributoren, die Bereitstellung und Belieferung eines umfassenden Sortiments und die
schnelle Auslieferung von Kleinstmengen ist, so sind die Distributoren selbstverständlich
ebenfalls an einer Bestandsreduzierung und damit einhergehenden Verringerung der
Kapitalbindung interessiert. Dies wird vor allem über die Reduzierung der Wiederbe-
schaffungszeiten und damit aus Sicht des herstellenden Unternehmens mit einer Verkürzung der Lieferzeiten erreicht. Die Lieferzeitanforderungen bewegen sich in der Regel
bei 24 Stunden und bei einigen Produktlinien im Bereich von 48 bis 72 Stunden.

Mit den Lieferzeitanforderungen der Distributoren ist eine hochkonsolidierte Lösung mit
einem Zentrallager in Europa ausgeschlossen.

Produktstruktur: Die Produkte sind in ihrem Kern international. Besonderheiten treten
auf, da ein Teil der Kunden, kundenspezifische Verpackungen verlangen. Ferner ist zu
beachten, dass eine der vier Produktlinien nur über so geringe Margen verfügt, dass ein
Mehrfachhandling nicht möglich ist. Für diese Produktlinie ist daher eine Direktbelieferung zum Kunden erforderlich.

Sendungsstruktur: In Normalfall werden die Produkte als Stückgut verschickt. Bei wenigen Produkten sind Ganzzuglieferungen denkbar.

Nationale Besonderheiten und Dienstleisterangebot: Beide Aspekte spielen in diesem
Fall keine besondere Rolle.

Lagerstruktur: Die bestehende Lagerstruktur wurde bereits einleitend beschrieben. Rund
25 Lagerstandorte verteilt über ganz Europa. Alle Lagerstandorte haben Distributions-
funktion, wobei fünf vor allem aber eine Produktionslagerfunktion wahrnehmen, da sie
sich in der direkten Nähe eines Produktionsstandortes befinden.

Bestandzuordnung: Die bestehende Bestandzuordnung war sehr stark national geprägt. In
Anbetracht der Lieferzeitanforderungen ist aber eine regionale Zuordnung der Bestände
zu einer reduzierten Anzahl an Lagerstandorten möglich.

Das Unternehmen erfüllt damit weitgehende folgende logistischen Charakteristika:

- Große Sortimentsbreite
- Hohe Haltbarkeit
- 24 - 48 Stunden Lieferzeit
- „Internationale" Produkte
- Zentrale Produktionsstrukturen
- Mittlere/hohe Wertigkeit
- Keine Selbstabholer

Die Charakteristika kennzeichnen typischer weise ein regionales Netzwerk. Es ist daher nicht überraschend, dass das neu entwickelte Distributionsnetzwerk eine regionale Struktur aufzeigt.

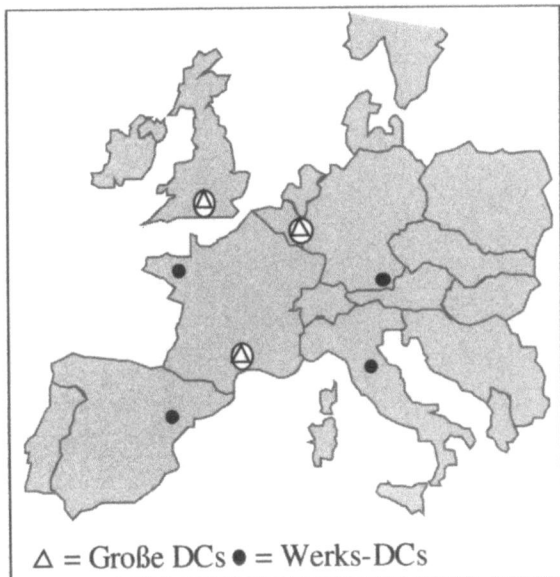

$\triangle$ = Große DCs ● = Werks-DCs

Abbildung 43: Neues Distributionsnetzwerk

Das neue Distributionsnetzwerk ist gekennzeichnet durch drei große Distributionscenter, die weitgehend das gesamte Sortiment für eine länderübergreifende Region vorhalten sowie vier Produktionslager. Für eine Produktionslinie haben die Produktionslager auch eine Distributionscenterfunktion, da dieses Produkt auf Grund seiner Margensituation direkt zum Kunden geliefert werden muss und Lieferzeiten sowie Kunden dies auch erlauben.

Mit der gewählten Struktur ist auch die Integration neuer Unternehmen, die zukünftig noch akquiriert werden sollten, deutlich vereinfacht, da nur drei Distributionsstandorte auf die neuen Produkte eingerichtet werden müssen und bereits dann eine gemeinsame Auslieferung zu Kunden möglich ist.

Fazit

Die Neugestaltung eines europäischen Distributionsnetzwerkes ist eine erhebliche Herausforderung, vor der immer mehr Unternehmen immer häufiger stehen.

Distributionsnetzwerke bestehen aus drei physischen Basiselementen: Lager, Transporte und Bestände. Typische Schnittstelle zwischen Produktion und Distributionslogistik ist der Palettierer. Lager, Transporte und Bestände bilden das Fundament für Netzwerke und sind in ihrer Ausprägung wesentlich für die Stärke und Beständigkeit eines solchen Distributionsnetzwerkes verantwortlich.

Europäische Distributionsnetzwerke zeichnen auch durch die regionalen und nationalen Besonderheiten von Europa aus. Sie unterscheiden sich aus logistischer Sicht beispielsweise deutlich von Distributionsnetzwerken in den Vereinigten Staaten von Amerika. Die Unterschiede ergeben sich aus der Sprachenvielfalt, der Sonderstellung der Schweiz als Nicht-Mitglied der Europäischen Union und aus den Grenzen zu den osteuropäischen Ländern. Die Schweiz ist auch aus logistischer Sicht besonders für die Gestalt von Distributionsnetzwerken in Europa wichtig, da der Grenzübertritt in die Schweiz zeitlich eingeschränkt ist.

Hauptantrieb für diese Entwicklung, Distributionsnetzwerke immer häufiger neuen Situationen anpassen zu müssen, sind vor allem die zunehmende Anzahl von Akquisitionen und die sich immer häufiger verändernden Kundenanforderungen. Hinzu kommen noch die Möglichkeiten, die sich aus dem neuen Medium Internet, das inzwischen zum Instrument der Schaffung von Transparenz und Standards über ganze logistische Ketten hinweg geworden ist, ergeben haben. Ein Unternehmen sollte dann über die Neugestaltung seines Distributionsnetzwerkes nachdenken, wenn mehrere der nachfolgenden Kriterien zutreffen

- Akquisition durchlaufen ohne anschließende Lagerbereinigung
- Mehr als ein Lager pro Land und Produktgruppe vorhanden
- Niedriger Lieferservice im Branchenvergleich
- Lager in der Verantwortung nationaler Vertriebsorganisationen
- Eigenbetriebene Lager
- Unkoordinierter, dezentraler Einkauf von Lagerleistungen
- Hohe Lagerbestände

Zielsetzung der Neugestaltung eines Distributionsnetzwerks ist selbstverständlich die Verbesserung von klassischen Größen wie Qualität, Service und Kosten. Immer wichtiger werden aber neue Zielgrößen. Hier sind insbesondere die Reaktionsfähigkeit, Agilität und Schlankheit zu nennen, die vor allem die Flexibilität einer Distribution kennzeichnen. Ferner rücken die Kapitalbindung und der Cash Flow immer mehr in den Mittelpunkt. Bei den klassischen Größen besteht immer weniger eine Differenzierungsmöglichkeit, da auch die Masse der Unternehmen sich den Unternehmen mit logistischen Spitzenleistungen immer mehr angleicht, ohne dass die führenden Unternehmen eine nochmalige Steigerung z. B. des Lieferservice anstreben.

Distributionsnetzwerke sind meistens historisch gewachsen. Das bestehende Distributionsnetzwerk ist für die Gestaltung eines europäischen Netzwerkes insofern wichtig, als eine Organisation nicht beliebige Entwicklungssprünge verkraftet. Ein Unternehmen, dessen Distributionsnetzwerk bisher auf einer rein dezentralen Struktur basierte, wird sich sehr schwer mit der Umstellung auf eine reine Zentrallagerlösung tun, selbst wenn Wettbewerber dieses realisiert haben.

Die Gestaltung eines europäischen Distributionsnetzwerkes wird dabei weniger von nationalen Grenzen als vielmehr von acht Charakteristika geprägt:

1. Produktionsstruktur und Lieferschwerpunkte
2. Lieferserviceanforderungen
3. Produktstruktur
4. Sendungsstruktur
5. Nationale Besonderheiten
6. Dienstleisterangebot
7. Lagerstruktur
8. Bestandszuordnung

Dabei ist festzustellen, dass es nicht *ein* europäisches Distributionsnetzwerk gibt, das für alle Unternehmen optimal ist. Es gibt jedoch einen bewährten Weg, der im Rahmen dieses Buches beschrieben worden ist. Somit existiert nicht eine Patentlösung und vielfach bietet es sich aber an, durch Lager europäische Regionen und nicht nur einzelne Länder abzudecken. Dies gilt insbesondere dann, wenn es sich um Unternehmen handelt, die folgende Charakteristika erfüllen:

• Mittlere Sortimentsbreite
• Haltbarkeit > 1 Monat
• 24 Stunden- bzw. next morning delivery
• Konsumgüter/nationale Produkte
• Zentrale Produktionsstrukturen
• Mittlere Wertigkeit
• Selbstabholer nur in den Ballungsgebieten

Europäische Distributionsnetzwerke haben damit in der Tendenz immer weniger Lager, wobei die Lager dann auf eine intelligente Weise miteinander verknüpft sind.

Die Konsolidierung von europäischen Distributionsnetzwerken wird ferner durch unterschiedliche Lieferzeitanforderungen der Kunden in Europa ermöglicht. Die Erfahrung zeigt, dass in vielen Branchen die Lieferzeitanforderungen in den Randgebieten geringer sind als in der Mitte Europas. Hinzu kommt noch, dass Kunden die Erhöhung der Lieferzuverlässigkeit mehr schätzen als die Verkürzung der Lieferzeiten.

Ein typischer Standort für ein Distributionslager, dass eine länderübergreifende Region beliefert ist der Raum von Aachen. Von hier aus könnten innerhalb eines Umkreises von 800 km ca. 60 Prozent der gesamten Bevölkerung in West-Europa beliefert werden. Andere interessante Standorte sind Wien, wenn Ost-Europa mit in Betracht gezogen wird und Grenoble.

In der Digitalen Supply Chain wird sich diese Entwicklung noch stärker durchsetzen. Die physische Distribution in der Digitalen Supply Chain ist durch zwei Charakteristika geprägt. Zum einen wird die Anzahl der Distributionsstufen von der Produktion zum Endkunden noch weiter reduziert, was die Konsolidierung weiter treibt, zum anderen werden Tätigkeiten, die heute über mehrere Stufen eines Distributionsnetzwerkes verteilt sind, in einer Stufe gebündelt. Tätigkeiten wie Customization, Postponement oder das Verpacken werden damit deutlich weiter in der logistischen Kette Richtung Endkunden verlagert und damit mit Tätigkeiten wie beispielsweise der Endkommissionierung, dem Labeling oder der Adressierung zusammengebracht.

Eine Zentralisierung mit einem europäischen Zentrallager pro Unternehmen ist jedoch nicht das angestrebte Ziel.

Die Regel: „One order, one delivery, one invoice." ist bei der Gestaltung neuer Distributionsnetzwerke noch immer ein Datum, das nur in enger Zusammenarbeit mit Kunden durchbrochen werden kann. Daher ist die Zusammenführung von Waren in der Fläche vor der Auslieferung zum Kunden notwendig. Die Regel setzt damit in vielen Fällen enge Grenzen für die wirtschaftlich sehr interessante Direktbelieferung.

Die Neugestaltung eines europäischen Distributionsnetzwerkes stellt eine unternehmerische Herausforderung dar, die nicht allein von der Logistik bestritten werden kann. Sie setzt mindestens eine enge Zusammenarbeit u. a. mit dem Vertrieb, den Länderverantwortlichen und der Produktion voraus. Es handelt sich daher immer um Projekte, die bei der Unternehmensleitung angesiedelt sein müssen.

Das Vorgehen bei Entwicklung eines Konzeptes zur Neugestaltung eines europäischen Distributionsnetzwerkes basiert auf wenigen Schritte:

- Vision und Zielsetzungen
- Projektorganisation
- Projektplanung

- Aufsetzen des Projekt- und Erfolgscontrolling
- Analysephase
- Entwicklung von Netzwerkalternativen
- Netzwerkoptimierung
- Implementierungsplanung

Es existieren eine Reihe von Erfolgsfaktoren, die bei jedem dieser Schritte beachtet werden sollten. Die Entwicklung eines neuen Distributionsnetzwerks kann dabei nicht reduziert werden auf den Einsatz eines Netzwerkoptimierungstools. Netzwerkoptimierungstools setzen eine qualitativ hochwertige und einheitliche Datenbasis voraus, die bei vielen Unternehmen auf europäischer Basis erst geschaffen werden muss. Dieses gilt vor allem dann, wenn die Neugestaltung eines europäischen Distributionsnetzwerkes durch Akquisitionen getrieben wird. Bei Fragestellungen, in die Kundenanforderungen, Fragen der weiteren Unternehmensentwicklung, Aspekte der zukünftigen Produktionsstruktur und die Entwicklung des Produktportfolios massiv hereinspielen, stoßen EDV-gestützte Netzwerkoptimierungstools an Grenzen.

Die Realisierung eines neuen Distributionsnetzwerkes ist in fast allen Fällen mit der Fremdvergabe von logistischen Leistungen verbunden. Sei es, dass Lager, die bisher im Eigenbetrieb geführt worden sind, fremdvergeben werden sollen, oder dass Dienstleister für neue Lagerstandorte gesucht werden.

Europäische Distributionsnetzwerke werden im betrieblichen Alltag nicht alle zwei Jahre vollständig neu überdacht, sondern meistens in Fünf-, wenn nicht sogar Zehnjahresabständen. Daher ist es bei der Entwicklung eines neuen Distributionsnetzwerkes nicht nur wichtig, die Auswirkungen bei den zurzeit als wahrscheinlich eingestuften Annahmen zu ermitteln, sondern bewusst auch die Robustheit der gefundenen Lösung gegenüber unterschiedlichen Extremszenarien zu beleuchten.

Es stellt sich abschließend die Frage, warum ein Unternehmen die Umstellung eines europäischen Distributionsnetzwerkes angehen soll. Hierfür gibt es drei zentrale Gründe:

- Kosteneinsparungen und Vermeidung von Investitionen: Das bestehende Distributionsnetzwerk ist historisch gewachsen und zeichnet sich durch eine hohe Anzahl nationaler Lager aus.

- Erhöhung des Lieferservice: Die Festlegung des Lieferservice erfolgt nicht bewusst, sondern hat sich durch gegebene Lagerstandorte entwickelt. Lieferserviceprobleme gehören zum Alltag, obwohl ausreichend Produktbestände vorhanden sind.

- Steigerung der Flexibilität, um auf neue Kundenanforderungen und geplante Akquisitionen regieren zu können: Kundenanforderungen, Lagerstandorte, Lieferserviceanforderungen ändern sich ständig u. a. auch deshalb, weil die Kunden selbst Akquisitionsprozesse durchlaufen

Abkürzungsverzeichnis

B2B	Business to Business
B2C	Business to Consumer
CRP	Continuous Replenishment
DTP	Desktop Publishing
ECR	Efficient Consumer Response
EDI	Electronic Data Interchange
EDV	Elektronische Datenverarbeitung
FTL	Full Truck Load
GFT	Güterfernverkehrstarif
GMA	Grocery Manufacturers of America
HW	Hardware
IT	Informationstechnologie
KEP	Kurier, Express, Paket
KDW	Kaufhaus des Westens
LTL	Less Than Full Truck Load
OEM	Original Equipment Manufacturer
OR	Operations Research
POS	Point of Sales
RKF	Reichskraftwagentarif
SW	Software
WWRE	World Wide Retail Exchange

Literatur

Angerhofer, B. J./Angelides, M. C.: System Dynamics Modelling in Supply Chain Management: Research Review, in: Joines, J. A. et al. (Hrsg.): Proceedings of the 2000 Winter Simulation Conference, Orlando 2000, S. 342-351

A.T. Kearney/ELA European Logistics Association: Insight to Impact. Results of the Fourth Quinquennial European Logistics Study – Brüssel 1999

Ayers, J. B. (Hrsg.): Handbook of Supply Chain Management, London 2000

Ballou, R. H.: Business Logistics Management, 4. Auflage, Upper Saddle River 1999

Banks, J.: Introduction To Simulation, in: Joines, J. A. et al. (Hrsg.): Proceedings of the 2000 Winter Simulation Conference, Orlando 2000, S. 9-16

Bartholomew, D.: Simulation Strategies, Industry Week, 249. Jg. (2000), Heft 12, S. 79-82

Baumgarten, H./Herter M.: Internationalisierung der Logistik in: Weber, J./Baumgarten, H. (Hrsg.) Handbuch Logistik: Management von Material- und Warenflussprozessen / – Stuttgart, 1999

Baumgarten, H.: Supply Chain Management – Eine Welt voller Herausforderungen, Logistik Heute, 21. Jg. (1999), Heft 7-8, S. 28-29

Beamon, B. M.: Supply Chain Design and Analysis: Models and Methods, International Journal of Production Economics, 55. Jg. (1998), Heft 3, S. 281-294

Beamon, B. M.: Measuring Supply Chain Performance, International Journal of Operations & Production Management, 19. Jg. (1999), Heft 3, S. 275-292

Becker, T./Geimer, H.: Prozeßgestaltung und Leistungsmessung – wesentliche Bausteine für eine Weltklasse Supply Chain, HMD (Handbuch der maschinellen Datenverarbeitung), 36. Jg. (1999), Heft 207, S. 25-34

Biethahn, J./Nissen, V.: Simulation, in: Bloech, J./Ihde G. B. (Hrsg.): Vahlens großes Logistiklexikon, München 1997, S. 963-966

Bogaschewsky, R.: Zeitwettbewerb – eine wertkettenorientierte Betrachtung, in: Koppelmann, U./ Oertel, H. A. (Hrsg.): Time-to-market: mögliche Beiträge von Einkauf und Logistik, Stuttgart 1998, S. 1-19

Brewer, P. C./Speh, T. W.: Using the balanced scorecard to measure supply Chain performance, Journal of Business Logistics, 21. Jg. (2000), Heft 1, S. 75-93

Buscher, U.: ZP-Stichwort: Supply Chain Management, Zeitschrift für Planung, 10. Jg. (1999), Heft 4, S. 449-456

Christopher, M.: Logistics and Supply Chain Management: Strategies for Reducing Costs and Improving Services, 2. Auflage , London 1998

Coenenberg, A. G.: Kostenrechnung und Kostenanalyse, 4. Auflage, Landsberg am Lech 1999

Cohen, M. A./Huchzermeier, A.: Global Supply Chain Management: A Survey of Research and Applications, in: Tayur, S. et al. (Hrsg.): Quantitative Models for Supply Chain Management, Boston 1999, S. 671-702

Cohen, M. A./Lee, H. L.: Strategic Analysis of Integrated Production-Distribution Systems: Models and Methods, Operations Research, 36. Jg. (1988), Heft 2, S. 216-228

Cooper, M. C. et al.: Supply Chain Management: More than a New Name for Logistics, The International Journal of Logistics Management, 8. Jg. (1997), Heft 1, S. 1-13

Copacino, W. C.: Supply Chain Management – The Basics and Beyond, Boca Raton 1997

Corbett, L. M.: Delivery windows – a new view on improving manufacturing flexibility and on-time delivery performance, Production and Inventory Management Journal, 33. Jg. (1992), Heft 3, S. 74-79

Crittenden, V. L.: Close the Marketing/Manufacturing Gap, Sloan Management Review, 33. Jg. (1992), Heft 3, S. 41-52

Dankert, U.: Planung des Designs flexibler Fertigungssysteme, Wiesbaden 1995

D'Aveni, R. A.: Hyperwettbewerb, Frankfurt 1995

Davis, T.: Effective Supply Chain Management, Sloan Management Review, 34. Jg. (1993), Heft 4, S. 35-46

Deffmann, W.: Distributionslogistik: Schnittstelle von Marketing und Logistik Logistik in: Weber, J./Baumgarten, H. (Hrsg.) Handbuch Logistik: Management von Material- und Warenflussprozessen / – Stuttgart, 1999

Deumens, M.: Simulation in der Logistik: Ein Muss im Materialfluss, Logistik Heute, 16. Jg. (1994), Heft 7/8, S. 40-43

Dietel, A.: Lieferserviceorientierte Distributionslogistik: fallstudienbasierte Untersuchung in der Bauzulieferindustrie, Wiesbaden 1997

Dinges, M.: Supply Chain Management – Logistikrevolution oder alter Wein in neuen Schläuchen?, Information Management & Consulting, 13. Jg. (1998), Heft 3, S. 22-26

Disney, S. M. et al.: Dynamic Simulation Modelling for Lean Logistics, International Journal of Physical Distribution & Logistics, 27. Jg. (1997), Heft 3/4, S. 174-196

Domschke, W.: Logistik: Transport, 4. Auflage, München 1995

Domschke, W./Drexl, A.: Logistik: Standorte, 4. Auflage, München 1996

Eicke, H. v.: Postponement. Flexibel in Beschaffung, Produktion, Distribution, in: Bonny, C. (Hrsg.): Jahrbuch der Logistik 1992, Düsseldorf 1992, S. 94-98

Eicke, H. v./Schnuck, A.: Modellgestützte Simulation der Transportintensität von Distributionssystemen, Zeitschrift für Planung, 6. Jg. (1995), Heft 1, S. 87-105

Fischer, W.: Effizienz und Effektivität, URL: http://www.fischer-zim.ch/auszuege-pcs-buch/Effizienz-Effektivitaet-9701.htm, 25.08.2001

Fripp, J.: A Future for Business Simulation?, Journal of European Industrial Training, 21. Jg. (1997), Heft 4, S. 138-142

Food Logistics (November/Dezember 1998) Perfect Order Is „Tough Standard"

Gan, B. P. et al.: Distributed Supply Chain Simulation Across Enterprise Boundaries, in: Joines, J. A. et al.(Hrsg.): Proceedings of the 2000 Winter Simulation Conference, Orlando 2000, S. 1245-1251

Gattorna, J. L./Walters, D. W.: Managing The Supply Chain, London 1996

Göpfert, I.: Logistik: Führungskonzeption, München 2000

Gronau, Norbert: Management von Produktion und Logistik mit SAP R/3 / von Norbert Gronau - 3. Auflage, München, Wien 1999

Guedes, P. et al.: Logistics Strategy Planning: Modeling and Decision Support Techniques for the 1990s, The International Journal of Logistics Management, 6. Jg. (1995), Heft 1, S. 37-51

Habeck, M./Kröger, F./Träm, M.: Fusionsfieber: die sieben Schlüsselfaktoren erfolgreicher Fusionen – Wiesbaden 1999

Handfield, R. B./Nichols, E. L.: Introduction to Supply Chain Management, Upper Saddle River 1999

Hartrampf, V.: Wertanalyse in der unternehmensübergreifenden Logistikkette: ein strategischer und verhaltensorientierter Ansatz, Dortmund 1998

Heinzl, A./Brandt, A.: Simulationsmodelle, in: Weber, J./Baumgarten, H. (Hrsg.): Handbuch Logistik, Stuttgart 1999, S. 392-411

Hewitt, F.: Supply Chain Redesign, The International Journal of Logistics Management, 5. Jg. (1994), Heft 2, S. 1-9

Hoitsch, H.-J.: Auftragsfertigung, in: Bloech, J./Ihde, G. B. (Hrsg.): Vahlens großes Logistiklexikon, München 1997, S. 39

Hoitsch, H.-J.: Lagerfertigung, in: Bloech, J./Ihde, G. B. (Hrsg.): Vahlens großes Logistiklexikon, München 1997, S. 481

Hoppe, N.: Die Welt, Sonderbeilage Fracht und Logistik, 17. Mai 2002

Huang, S. H. et al.: A Manufacturing Engineering Perspective on Supply Chain Integration, in: Proceedings of the 10th International Conference on Flexible Automation and Intelligent Manufacturing, College Park 2000, S. 204-214

Ihde, G. B.: Transport, Verkehr, Logistik: Gesamtwirtschaftliche Aspekte und einzelwirtschaftliche Handhabung, 2. Auflage, München 1991

Ihde, G. B.: Supply Chain Management, in: Bloech, J./Ihde, G. B. (Hrsg.): Vahlens großes Logistiklexikon, München 1997, S. 1046-1047

Ihde, G. B.: Transport, Verkehr, Logistik: Gesamtwirtschaftliche Aspekte und einzelwirtschaftliche Handhabung, 3. Auflage, München 2001

Ingalls, R. G.: The Value of Simulation in Modeling Supply Chains, in: Medeiros, D. J. et al. (Hrsg.): Proceedings of the 1998 Winter Simulation Conference, Washington 1998, S. 1371-1375

Kaplan, R. S./Norton, D. P.: Balanced Scorecard, Stuttgart 1997

Klinger, A./Wenzel, S.: Referenzmodelle – Begriffsbestimmung und Klassifikation, in: Wenzel, S. (Hrsg.): Referenzmodelle für die Simulation in Produktion und Logistik, Erlangen 2000, S. 13-29

Kotzab, H.: Zum Wesen von Supply Chain Management vor dem Hintergrund der betriebwirtschaftlichen Logistikkonzepte – erweiterte Überlegungen, in: Wildemann, H. (Hrsg.): Supply Chain Management, München 2000, S. 21-47

Krallmann, H. et al.: Systemanalyse im Unternehmen, 3. Auflage, München 1999

Krieger, D. J.: Einführung in die allgemeine Systemtheorie, München 1996

Krieger, W.: Informationsmanagement in der Logistik: Grundlagen – Anwendungen – Wirtschaftlichkeit, Wiesbaden 1995

Krill, O.: Logistikorientierte Unternehmensstrategien mit Hilfe der Simulations-Szenario-Technik, Dortmund 1997

Kuhn, A. et al.: Anforderungen an das Supply Chain Management der Zukunft, Information Management & Consulting, 13. Jg. (1998), Heft 3, S. 7-13

Lambert, D. M.: The Supply Chain Management and Logistics Controversy, in: Brewer, A. M. et al. (Hrsg.): Handbook of Logistics and Supply-Chain Management, Oxford 2001, S. 99-126

Lambert, D. M. et al.: Supply Chain Management: Implementation Issues and Research Opportunities, The International Journal of Logistics Management, 9. Jg. (1998), Heft 2, S. 1-19

Lee, H. et al. (1997): The Bullwhip Effect in Supply Chains, Sloan Management Review, 38. Jg. (1997), Heft 3, S. 93-102

Lehtonen, J.-M./Seppälä, U.: A Methodology for Data Gathering and Analysis in a Logistics Simulation Project, Integrated Manufacturing Systems, 8. Jg. (1997), Heft 6, S. 351-358

Liebl, F.: Simulation: Problemorientierte Einführung, München 1992

Liesegang, D. G./Wohlgemuth, E.: Lagerhaltungsstrategien, in: Bloech, J./Ihde G. B. (Hrsg.): Vahlens großes Logistiklexikon, München 1997, S. 497-499

Malik, F.: Systemisches Management, Evolution, Selbstorganisation, Bern 1993

Mapes, J. et al.: Performance Trade-offs in Manufacturing Plants, International Journal of Operations & Production Management, 17. Jg. (1997), Heft 10, S. 1020-1033

Mentzer, J. T. et al.: What Is Supply Chain Management?, in: Mentzer, J. T. (Hrsg.): Supply Chain Management, Thousand Oaks 2001, S. 1-25

Mentzer, J. T.: Managing the Supply Chain, in: Mentzer, J. T. (Hrsg.): Supply Chain Management, Thousand Oaks 2001, S. 437-461

Merkel, H.: Logistik Managementsysteme, München 1995

Milling, P.: Simulationen in der Produktion, in: Kern, W. et al. (Hrsg.): Handwörterbuch der Produktion, Stuttgart 1996, S. 1840-1852

Milling, P./Größler, A.: Management von Material- und Informationsflüssen in Supply Chains: System-Dynamics-basierte Analysen, Mannheim 2001

Min, S./Keebler, J. S.: The Role of Logistics in the Supply Chain, in: Mentzer, J. T. (Hrsg.): Supply Chain Management, Thousand Oaks 2001, S. 237-287

Niemeyer, G.: Simulation, in: Kurbel, K./Strunz, H. (Hrsg.): Handbuch Wirtschaftsinformatik, Stuttgart 1990, S. 437-456

Noche, B./Scholtissek, P.: Anwendungen der Simulation in der Unternehmensplanung, in: Kuhn, A. et al. (Hrsg.): Handbuch Simulationsanwendungen in Produktion und Logistik, Aachen 1993, S. 7-29

Pagenkopf, J.: Simulation, in: Albers, W. (Hrsg.): Handbuch der Wirtschaftswissenschaft, Stuttgart 1981, S. 536-549

Pfohl, H.-C.: Logistiksysteme: Betriebswirtschaftliche Grundlagen, 6. Auflage, Berlin 2000

Rabe, M.: Einführung, in: Kuhn, A./Rabe, M. (Hrsg.): Simulation in Produktion und Logistik, Berlin 1998, S. 1-10

Reese, J.: Lieferservice, in: Bloech, J./Ihde, G. B. (Hrsg.): Vahlens großes Logistiklexikon, München 1997, S. 537-539

Reichmann, T.: Controlling mit Kennzahlen und Managementberichten, 5. Auflage, München 1997

Reinhardt, G. O.: Flexible Fertigungssysteme (FFS) aus praxisbezogener und theoretischer Sicht, Sternenfels 2000

Scheer, A.-W./Borowsky, R. (1999): Supply Chain Management: Die Antwort auf neue Logistikanforderungen, in: Kopfer, H./Bierwirt, C. (Hrsg.): Logistikmanagement: intelligente I + K Technologien, Berlin 1999, S. 3-14

Schneckenburger, T.: Prognosen und Segmentierung in der Supply Chain: ein Vorgehensmodell zur Reduktion der Unsicherheit, St. Gallen 2000

Schneeweiß, C.: Flexibilität, Elastizität und Reagibilität, in: Kern, W. et al.(Hrsg.): Handwörterbuch der Produktionswirtschaft, Stuttgart 1996, S. 489-501

Schulte, C.: Logistik, München 1991

Schulte, C.: Logistik: Wege zur Optimierung des Material- und Informationsflusses, 3. Auflage, München 1999

Schumacher, R./Wenzel, S.: Der Modellbildungsprozeß in der Simulation, in: Wenzel, S. (Hrsg.): Referenzmodelle für die Simulation in Produktion und Logistik, Erlangen 2000, S. 5-11

Schunk, D./Plott, B.: Using Simulation To Analyse Supply Chains, in: Joines, J. A. et al.(Hrsg.): Proceedings of the 2000 Winter Simulation Conference, Orlando 2000, S. 1095-1100

Seppälä, U./Holmström, J.: Rough Modelling of Logistics Networks, Integrated Manufacturing Systems, 6. Jg. (1995), Heft 5, S. 13-20

Sethi, A. K./Sethi, S. P. (1990): Flexibility in Manufacturing: A Survey, The International Journal of Flexible Manufacturing Systems, 2. Jg. (1990), Heft 4, S. 289-328

Slack, N. et al.: Operations Management, Harlow 2001

Slats, P. A. et al.: Logistic Chain Modelling, European Journal of Operational Research, 87. Jg. (1995), Heft 1, S. 1-20

Souza, R. d. et al.: Supply Chain Dynamics and Optimization, Integrated Manufacturing Systems, 11. Jg. (2000), Heft 5, S. 348-364

Stadler, H.: Supply Chain Management – An Overview, in: Stadler, H./Kilger, C. (Hrsg.): Supply Chain Management and Advanced Planning, Heidelberg 2000, S. 7-28

Stevens, G. C.: Successful Supply Chain Management, Management Decision, 28. Jg. (1989), Heft 8, S. 25-30

Stewart, G.: Supply Chain Operations Reference Model (SCOR): The First Cross-Industry Framework for Integrated Supply Chain Management, Logistics Information Management, 10. Jg. (1997), Heft 2, S. 62-67

Stieglitz, A.: Die Reorganisation handelslogistischer Versorgungsketten, München 1999

Strigl, T. et al.: Anhang (Arbeitspapiere), in: Luczak, H. et al. (Hrsg.): Logistik-Benchmarking, Berlin 2001, S. 127-225

Swoboda, B.: Wertschöpfungspartnerschaften in der Konsumgüterwirtschaft. Ökonomische und ökologische Aspekte des ECR-Managements, Wirtschaftswissenschaftliches Studium, 26. Jg. (1996), Heft 9, S. 449-454

Thaler, K.: Supply Chain Management, Köln 1999

Toni, A. D./Tonchia, S.: Performance Measurement Systems, International Journal of Operations & Production Management, 21. Jg.(2001), Heft 1/2, S. 46-70

Towill, D. R.: Time Compression and Supply Chain Management - A Guided Tour, Supply Chain Management, 1. Jg. (1996), Heft 1, S. 15-27

Ulrich, H./Probst, G. J. B. (1990): Anleitung zum ganzheitlichen Denken und Handeln – Ein Brevier für Führungskräfte, 2. Auflage, Bern 1990

Upton, D. M.: What Really Makes Factories Flexible?, Harvard Business Review, 73. Jg. (1995), Heft July-August, S. 74-84

VDI (Hrsg.): Richtlinie 3633, Simulation von Logistik-, Materialfluß- und Produktionssystemen – Grundlagen, Blatt 1, VDI-Handbuch Materialfluß und Fördertechnik, Berlin 2000

Veitinger, M.: Controlling von Reorganisationsprozessen in der Logistik, Frankfurt am Main 1997

Ven, A. D. M. v. d./Ribbers, A. M. A. (1993): International Logistics: A Diagnostic Method for the Allocation of Production and Distribution Facilities, The International Journal of Logistics Management, 4. Jg. (1993), Heft 1, S. 67-83

Vickery, S. et al.: Supply Chain Flexibility: An Empirical Study, The Journal of Supply Chain Management, 35. Jg. (1999), Heft 1, S. 16-24

Vos, B.: Redesigning International Manufacturing and Logistics Structures, International Journal of Physical Distribution & Logistics, 27. Jg. (1997), Heft 7, S. 377-394

Vry, W.: Beschaffung und Lagerhaltung: Materialwirtschaft für Handel und Industrie, 4. Auflage, Ludwigshafen 1998

Wagner, G. R.: Lieferzeitpolitik, 2. Auflage, Wiesbaden 1978

Walker, M.: Quick Response: From Evolution to Revolution – New Strategies for Business Logistics, in: Hadjiconstantinou, E. (Hrsg.): Quick Response in the Supply Chain, Heidelberg 1999, S. 1-6

Wallace, T.: Zero tradeoffs, Transportation & Distribution, 34. Jg. (1993), Heft 11, S. 59-62

Waters, D.: Inventory Management, in: Brewer, A. M. et al. (Hrsg.): Handbook of Logistics and Supply-Chain Management, Oxford 2001, S. 195-212

Weber, J.:Einführen von Logistik: Eine spannende Anleitung zum programmierten Erfolg / Jürgen Weber; Frank-J. Weise; Sebastian Kummer. - Stuttgart, 1993

Weber, J.: Logistik-Controlling, Stuttgart 1995

Weber, J.: Ursprünge, praktische Entwicklungen und theoretische Einordnung der Logistik in Weber, J., Baumgarten, H. (Hrsg.) Handbuch Logistik: Management von Material- und Warenflussprozessen – Stuttgart, 1999

Weber, J. et al.: Supply Chain Management und Logistik, Wirtschaftswissenschaftliches Studium, 29. Jg. (2000), Heft 5, S. 264-269

Weid, H.: Wettbewerbsvorteile durch Electronic Data Interchange (EDI): Analyse betrieblicher Effekte des Einsatzes zur zwischenbetrieblichen Kommunikation zwischen Lieferant und Abnehmer, München 1995

Wiezorek, H.: Efficient Consumer Response – Kooperation statt Konfrontation, in: Ahlert, D. v. et al. (Hrsg.): Informationssysteme für das Handelsinformationsmanagement, Berlin 1998, S. 387-399

Wildemann, H.: Informationsmanagement in der Logistik: Grundlagen – Anwendungen – Wirtschaftlichkeit, 4. Auflage, München 1995

Wildemann, H.: Von Just-In-Time zu Supply Chain Management, in: Wildemann, H. (Hrsg.): Supply Chain Management, München 2000, S. 49-85

Wilding, R.: The Supply Chain Complexity Triangle, International Journal of Physical Distribution & Logistics Management, 28. Jg. (1998), Heft 8, S. 599-616

Wojaczek, B.: Koordinationsorientiertes Logistik – Management in der Textilwirtschaft: ein Beitrag zur ganzheitlichen Optimierung der Logistik aus Sicht der Bekleidungsindustrie, Frankfurt a. M. 1996

Wolf, D.: Postponement, in: Bloech, J./Ihde, G. B. (Hrsg.): Vahlens großes Logistiklexikon, München 1997, S. 804-807

Wolf, D.: Transportkapazität, in: Bloech, J./Ihde, G. B. (Hrsg.): Vahlens großes Logistiklexikon, München 1997, S. 1089

Wyland, B. et al.: Simulating The Supply Chain, IIE Solutions, 32. Jg. (2000), Heft 1, S.
37-42

Zäpfel, G./Piekarz, B.: Supply Chain Controlling, Wien 1996

Stichwortverzeichnis

Die Autoren

Niklas Hoppe, Diplom-Wirtschaftsingenieur, ist Principal und Mitglied der erweiterten Geschäftsführung von A.T. Kearney in Central Europe sowie stellvertretender Leiter des Züricher Büros. Er ist Mitglied der Operations Core Group in Central Europe und verfügt über umfangreiche Erfahrungen insbesondere in den Bereichen Supply Chain und Re-engineering. Im Rahmen seiner Beratungstätigkeit hat er mehrfach nationale und europäische Distributionsnetzwerke neu gestaltet und die Umsetzung mit aufgesetzt oder begleitet. In das Buch sind auch seine Erfahrungen aus der Tätigkeit als Lehrbeauftragter für Distributionslogistik an der Fachhochschule in Konstanz und Trainer für Supply Chain Optimierungsmethoden innerhalb von A.T. Kearney eingeflossen.

Friedrich Conzen, Diplomkaufmann, ist Berater bei A.T. Kearney in Central Europe mit Office-Standort in Düsseldorf. Der Schwerpunkt seiner Tätigkeit liegt im Bereich Logistik und Supply Chain Management.

Bestseller
für Ihren Erfolg

Direct Marketing & More

Ganz neu und sehr nützlich ist die Zwei-
teilung jeder Seite in einen Chart- und
einen Textteil. Die Charts können für
eigene Präsentationen verwendet werden. Ein Muss für alle, die erfolgreich
Direct Marketing betreiben wollen.

"Ein absolutes Muss."
werben & verkaufen

*"Das Buch der Bücher für Direktmarke-
ting."* Direct-Marketing

Heinz Dallmer (Hrsg.)
Das Handbuch
Direct Marketing & More
8., völlig überarb. Aufl. 2002.
XII, 1169 S. Geb. mit SU
€ 198,00
ISBN 3-409-86699-X

Mailings - von der Planung bis zum Versand

Was ist zu beachten, damit eine Mailing
möglichst viel bringt? Dieses Buch behandelt alle wichtigen Fragen konkret und
praxisnah, von der Planung über die
Gestaltung und den Druck bis zum Versand.

Heinrich Holland (Hrsg.)
Das Mailing
Planung, Gestaltung,
Produktion
2002. 210 S. Geb. € 39,90
ISBN 3-409-12279-6

Die Marke als Erfolgsfaktor

Der Autor liefert einen übergreifenden
und praxisnahen Markenansatz. Er zeigt
die Marke als Botschafter zwischen
Unternehmen und Kunden. Ein Muss für
jeden Marketing-Fachmann! Mit vielen
Anregungen für die tägliche Arbeit.

Nicolas Adjouri
Die Marke als Botschafter
Markenidentität bestimmen
und entwickeln
2002. 233 S. Br. € 39,90
ISBN 3-409-11972-8

Änderungen vorbehalten. Stand: April 2002.
Erhältlich im Buchhandel oder beim Verlag.

Gabler Verlag · Abraham-Lincoln-Str. 46 · 65189 Wiesbaden · www.gabler.de

GABLER

Professionelles Vertriebsmanagement

Wettbewerbsvorteile durch NRM oder: Was kommt nach CRM?

Das Buch bietet Führungskräften aus den Bereichen CRM, Marketing, Service und Vertrieb einen Managementrahmen und zahlreiche Hinweise für den Einsatz von Network Relationship Management.

Harry Wessling
Network Relationship Management
Mit Kunden, Partnern und Mitarbeitern zum Erfolg
2002. 225 S. Geb. € 38,00
ISBN 3-409-11864-0

Leitfaden zur Kostenreduktion durch CRM

Dieses Buch liefert die geeigneten Grundlagen und Werkzeuge, um Kostenreduktionspotenziale innerhalb der CRM-Wertkette zu identifizieren und gezielt umzusetzen.

Gregor Stokburger,
Mario Pufahl
Kosten senken mit CRM
Strategien, Methoden und Kennzahlen
2002. 217 S. Geb. € 38,00
ISBN 3-409-11939-6

CRM für den Mittelstand

Das Buch bietet eine wertvolle Orientierung für alle Mittelständischen Unternehmen, die den Einsatz von CRM in Erwägung ziehen, und macht Mut, eine CRM-Einführung als Stufenkonzept in Angriff zu nehmen.

Michael Brendel
CRM für den Mittelstand
Voraussetzungen und Ideen für die erfolgreiche Implementierung
2002. 189 S. Geb. € 34,90
ISBN 3-409-11934-5

Änderungen vorbehalten. Stand: Oktober 2002.
Erhalten im Buchhandel oder beim Verlag.

Gabler Verlag · Abraham-Lincoln-Str. 46 · 65189 Wiesbaden · www.gabler.de

GABLER

If you have any concerns about our products,
you can contact us on
ProductSafety@springernature.com

In case Publisher is established outside the EU,
the EU authorized representative is:
Springer Nature Customer Service Center GmbH
Europaplatz 3, 69115 Heidelberg, Germany

Printed by Libri Plureos GmbH
in Hamburg, Germany